静かに「政治」の話を続けよう

岡田憲治
Kenji Okada

亜紀書房

静かに「政治」の話を続けよう　もくじ

III 誤解されている問題

はじめに

政治に関しては、気の遠くなるほどの誤解がなされています。「政治をワカル」とは「世間をうまく立ち回ること」でも、「次の首相を言い当てる」ことでもありません。「民意にそった政治」ですって？ 民意などありません。「政治とカネ」？ 中学生に説明できますか。「国のために」？ それに「人」は含まれますか。ちょっと！ 憲法は「校則のでっかいヤツ」じゃありませんよ。「バラマキ」？ 意味がまったく誤解されていますよ。闘莉王は日本人かって？ 人を分類する基準は国籍だけじゃないでしょう。もうとにかく、そういうことだらけです。ちょっと！「リベラル」もですよ。

みなさんは日本の政治家にも官僚にもマスメディアにも、イイタイコトがたくさんありますよね。そりゃそうですよ。とにかくひどいことになっていますから。でも、てんでバラバラにいい加減な言葉でそれを言っても、政治家はおろか仲間にも伝わりません。しかも思わぬところでつまらないもめごとや不幸なディスコミュニケーションが生まれて、戦う相手を間違えたりして、もったいないことになります。ですから、ここらでちょっと一息入れましょうかというわけです。

この本を読みながら。

●大ピンチだが大チャンスの現在

今や、どうにも私たちのニッポン・コミュニティは、トンデモナイ事態と相成っております。言うまでもなく過日の大震災とそれに伴って起きた原子力発電所の大事故、それに対応する政治や行政や大手メディアの迷走です。とくに原発事故は、人間を襲った数々の災いの中でも特別な性質のもので、危険の正体が目に見えず、この危険に直面した人類がすべからく無力で、かつこれが原因となる先々の不幸を特定できないという、私たちの生の営みや未来の希望を奪うものです。ときどき本当にヤッテラレネエヨ状態に陥って、幼い子供に「すまねえなあ。こんなことになっちまってさあ」と呟きたくなります。

それでも人生は続きますから、顔を上げて、はらわたの底からもう一度ぐっと力を入れて、静かに呼吸をして次のように考えます。そうするしかないのです。

「私たちにとって人生の前提が変わりつつある今は、古い何かが終わり、新しい言葉と力が生まれるチャンスなのだ」と。

あまり華々しいこと言えなくてすみません。でも、私の仕事は政治についての本を書くことですから、それでみなさんと自分自身を励まし鼓舞することしかできません。文句タラタラ、泣き言メソメソと漏らしての半分負け惜しみですが、じつは私は今がピンチではなくチャンスなのだと考えています。それは私たちがこれまで以上にたくさんの言葉で政治を考えることができる機会が到来しつつあるという意味です。未曾有の事態によって人生と生活における不安や困難が高まるにつれて、同時に政治や行政に対して一言物申す切実さが、これまでにないぐらい高まっています。人間は本当にお尻に火が点かないと腰を上げませんが、これまで政治の傍観者であった多くの人々が「いくらなんでもこれはひどいではありませんか」と腰を上げはじめています。そして、何だかそうするうちに新しい言葉が生まれる予感がするのです。

●「政治の言葉」のすり合わせ

私たちは、昔は新聞とテレビとラジオ以外にこの世界で起こっていることを知るすべはありませんでした。報道はこれらのマスメディアの独占状態でした。今は、それ以外にインターネット上のブログ、ツイッターやミクシーやフェイスブックなどの、いわゆるミドルメディア、ユーチューブやユーストリームのような映像メディアといったものが加わり、不特定多数の人々と言葉のやりとりをするチャンスやアクセス・ポイントが飛躍的に増大しました。公共空間に向かってものを言うハードルは、現実的にも精神的にもうんと低くなりました。家から一歩も出なくても、ツイッターを使って政治家と意思疎通できます。

これでめでたし万々歳と言えればよいのですが、じつはそうもいかないのです。多様化したメディア状況を通じて、たくさんの言葉が飛び交い、さまざまな考え方に触れ、これまでフィルターをとおして伝えられた情報をレアな形でゲットでき、新しい時代にあって新しい言葉と認識が生まれるためには、じつはどうしてもくぐり抜けなければならない道があり、どうしても同時にやらなければならないことがあるのです。それは、**「公共の場でものを言うマナーやルールを確認すること」**と**「言葉そのもののすり合わせ作業をある程度しておくこと」**です。

切実な気持ちが高まれば、あらゆる類の言葉が飛び交います。震災以前も含めて、この一〇年くらいニッポン・コミュニティは問題山積状態なわけで、これに対応する政治や行政は有権者を安心させるには程遠いレベルでしか機能していません。そうなると政治家や官僚へのフラストレーションもたまり、文句も不満も増大し、自ずと言論空間でそれを吐き出す人々も増大します。そこでは何が起こるかというと、おおよそ次のようなことです。面識のない相手にいきなり友人のようにものを言う。私たちが大切にしている「議論することの意味」を理解しないまま、排泄行為のように言葉を放つ。言葉でリスクと責任を負う専門人に対する敬意を持たずに、安全地帯から何でも言おうとする……。こういうことは、ものを言う際の基本的マナーの問題なので、やりとりの中で精神的にも肉体的にも頑丈な人が、そのたびごとに諭すしかありません。ふう。

でも本書がやろうとしていることは、そうした狼藉を諫めることではありません。その次に指摘したこと、つまり「言葉のすり合わせ作業をしておくこと」です。しかも、ただの言葉ではありません。「政治」の言葉です。[*1] 新聞やテレビ、ネット・ブログやツイッター上を飛び交う、政治に関する大量の言葉に接してきて、私はこの一〇年くらいの間、多くの人々に共通して見られる、困ったことが三つくらいあることに気づきました。

①一刀両断に、あるいは断言口調で決めつけられる問題にも、長く議論されてきた甲乙つけ難い切ない問題がたくさん含まれていることが忘れられていること。

②政治の場で生じている現象に引きずられていろいろと言及されているけれど、その問題を語る際の最低限の前提知識や基本枠組みがまったく無視されている場合が多いこと。

③既存の言論機関の果たすべき言葉のチェック機能が劣化したため、完全に誤解された意味で、たくさんの政治の言葉が使われていること。

この三つが放置されたまま政治について論議がなされても、あまり有益なことにはなりません。お互いが同じ言葉を使って全然違う意味を込めて話しているからです。そこで本書では、これらを三部に分けて、それぞれ「切ない問題」「そもそもわかっていない問題」「誤解されている問題」として、政治に関するさまざまな言葉の事例を挙げながらその典型例を使って、最大公約数的意味を示したり、あるいは言葉が抱えているさまざまな事情に説明を加えてみました。そこを一人でも多くの人に理解してもらうことで、私たちの言葉のやりとりを意味あるものにしようと思ったわけです。各部各章に出てくる一五の言葉はいずれも政治を語るために極めて重要な基本の言葉です。これらの言葉を通じて現れる問題に共通理解の地平があれば、多くの人々の知力を集めることができます。

●政治の言葉を共有することの効用

　私たちが部屋にこもってひたすら本を読み、ただそれだけを延々と続けるのではなく、たまにそこから出てきて、他者に言葉を投げかけて、受けとって、考えて、また書いて、そしてまた読書に戻っていく理由は何でしょうか。それは、**「自分の言葉が届く範囲、届かない範囲、人と共有できる地平、分かれ道の場所などを知ろうとするから」**です。私たちが政治を語る理由はもちろんさまざまです。力のある言葉で何とか現実を変えたいと思う人もいるでしょうし、その現場に立つことはできないけれど、現実に立ち向かう人々やそれを支援する人々に力を与える言葉を共有したいと思う人もいるでしょう。あるいは、言葉を使うことでそれがどうなるかは不透明でも、徹底的に言葉と格闘する中で、内面的な豊饒さを獲得したいと考えている人もいます。

　でも言葉が存在する理由は、言葉に曖昧模糊とした世界をある視点から「切り分ける」機能があるからですから、多くの人々が言葉をすり合わせて共有すれば、人と人を結びつける認識と視点を得ることができます。私たちの現実を左右する政治において、このことの持つ意味はとんでもなく大きいのです。どのような目的で政治を語ろうと、このことはすべての政治の語りに貫徹することです。

「何だよ。何か難しい話になってきたなあ。要するに、この本読んでバカを直せってか?」と拗ねているそこの人。まあ、そう大雑把なことを言わずにこう考えてください。

「使う言葉が変われば、物事の見方も変わり、より正確に考えることができる」と。

「共通了解されていることを押さえておくと、人の話がもっとよくわかる」と。

そしてその最大の効用は、

「言葉のすり合わせをすると、思いがけない人と友人になれる」と。

私たちは余震と放射性物質に怯えながら毎日生きています。「にもかかわらず」ではなく、「だからこそ」私たちのコミュニティが存続し、新たな希望をともに見いだすための政治について、たくさんのいいおしゃべりするきっかけが与えられたのだと、私は考えます。どうかそのために、この本でみなさんも政治の言葉のすり合わせをしてください。必ずいいことが起こります。それを信じてこの本を世に問いました。

これが、高い教育を受けつつ政治家にも官僚にもなることができない私の、今みなさんのためにできることです。

＊1——私は、昨年「たくさんの言葉を使うといろいろなものの水準が上がりますよ」ということを訴えたくて、ある本を書きました（『言葉が足りないとサルになる』、亜紀書房、二〇一〇年）。その本で「大雑把な言葉ばかり使っていると大雑把にしかものを考えられなくなります」というメッセージを、大学や会社やスポーツや芸術の事例を使って説明しました。いわば本書は、その話の「政治編」とでもいうものです。

I 切ない問題

政治は切ない

質問……政治についてワカル本とかないっすか？　できればコンパクトですぐ読めるヤツ。オザワ問題とか原発とか記者クラブ問題なんかで、最近オレ的には政治系話題ガチでいってるんで。

回答……政治が「ワカル」には、複数の意味があります。ハウツー的な目的で読まれるなら、そういう本は自信を持って紹介できません。なぜなら政治をワカルということは、世界を見る「視点」を手に入れるという意味だからです。そしてそこから政治を評価しなければ、結局人のいいなりになります。

●政治がワカルようになりたい

政権交代があった数年前の夏以来、「雇用」、「年金」、「小沢一郎」、「記者クラブ」、「震災」、「脱原発」と、日本の未来に大きな影響を与えるような問題を含んだ課題や出来事が明らかになり、それまであまり政治に興味も関心もなかった人々が政治について考えたり語ったりすることが多くなりました。みんな「政治がワカル」ようになりたがっています。当然です。日本の政治はいろいろな意味で、もう大変なことになっているのですから。政治学者である私にも質問や相談が寄せられます。

ちなみに政治学という学問が生まれたのはずいぶんと昔で、紀元前四世紀ぐらいのプラトンを念頭に置けば、かれこれ二五〇〇年ほどの歴史があります。古代ギリシャの都市国家（ポリス）では、政治学というふうに意識されていたわけではありませんが、当時のポリス市民にとって政治を考えるということは、自分にとってのすべてである政治共同体ポリスについての問い、とりわけ「良きポリスとは何か」をひたすら問うことと同義でした。ですから政治学のはじまりの時代に「政治がワカル」ということは、「良き市民としてポリスとともに生きることの意味をワカル」ことでした。同じように中世キリスト教世界においては、政治をワカルとは「神が創造されたこの世界のすべての秩序にふさわしい人間になる心構えをワカル」ことでした。近代になると「伝統や宗教の縛りから解放された、自由な個人が自分たちでどうやって社会秩序を打ち立てるのかをワカルこと」が、政治をワカルということでした。

このように、政治学という学問は昔からその時代に要請された秩序と人間の在り方について模索する学問でした。ですから、時代時代に応じてさまざまな秩序観や人間観や世界観があり、表現のされ方もさまざまだったと言えます。しかし、そんな多様な歴史プロセスを生きてきた政治学にも、長い歴史を通じてずっと貫かれた、手放されなかったひとつの重要な目的があります。それは、「政治がワカル」ということは、政治の暗躍する世界でうまく立ち回るための知恵をワカルということではなく、各々の与えられた条件の下で時代を生きる人間に「世界を見るための視点を提供する」ということです。世界を見た結果得られた「情報」ではなく、この世界を「どのようなまなざしで眺めるのか」、この世界を「どのような角度で切りとって見るのか」を理解するための、いわばカメラのレンズを提供するということです。政治をワカルというのは、ですから「政治の見方を身につける」という意味なのです。いわば人間としての「知性のメス」を身につけるということです。[*1]

●「政治を学ぶ」ということの意味

そうなると「政治の学び方」についても複数の回答があるということになります。注意深く区別してみましょう。第一に、「政治を学ぶ」とは、ままならない現実の厳しさを冷徹に受け止められる大人になることを意味するのかもしれません。つまり「我が儘な、出鱈目な、嘘つきだらけの、仁義も廃る、魑魅魍魎とした世俗世界では、真っ正直で人のいいことを言って、人間の善意に寄りかかるようなやり方では机ひとつ前に動かせはしないのだ」ということを学ぶことです。いわば、この世界を変えるために夢や理想を育むのではなく、そうした高邁な理想が善意に基づく人々の間でどれだけ無力であるかを、肉体を通じて学ぶことこそ政治を学ぶことなのだという意味です。青臭い理想論から早く脱しなさいというわけです。あきらめる名人（大人）になれと。

この場合、アリストテレスやロックやルソーや福沢諭吉の本など読んでも、政治など何も学べないということになります。それは「政治」を学んでいるのではなく、政治「学」を学んでいるのであって、ルソーを何百回読んでもそれこそ机のひとつも動かす力とはなりえないからです。政治を学びたいなら、まずは政治家の秘書になって、現実の政治が何によって妨害され、何によって正論が捻じ曲げられるかを現場で確認しなければなりません。自分の選挙区の市議会議員、県議会議員、地域の票の取りまとめ役のボスたち、後援会筋で応援に来てもらっている人々、昔からのタニマチ、派閥の仲間といった人々に対する気配りや金配りの仕方は全部違いますし、やり方を誤ると大変な失敗に結びつくかもしれないし、上手にやれば仕事もしやすくなります。[*2]

有名大学を出て、霞が関のキャリア官僚から政治家に転身したエリート候補者に、叩き上げの選挙参謀が「頭《ず》が高けぇんだよ！　坊ちゃん！　明日は公民館で最後に土下座して、女房にひと泣きぐらいさせろよな。じゃねぇと落選だぞ！」と叱りつけながら、「ったくよ、てんでわかってねぇんだからよ。チヤホヤされてきたから、政治っつぅもんをさ」などと舌打ちしています。こういう意味の「政治がワカル」です。

これほど濃い世界の例を出さなくても、政治を学ぶことは説明できます。それは「ハウツー的に政治を学ぶ」という場合です。たとえば、「私たちの国会の仕組み」とか「国会議員のお仕事って何？」とか、「よくわかる選挙」などのお勉強です。「ここがポイント：公職選挙法」なんかもこの話の例です。何を考えるにも、まずは基本の制度とルールは頭に入れておかなければなりません。「参議院って何だっけ」では、どうして日本の政治が何年かに一度このように暗礁に乗り上げるみたいなことになるのかはわかりませんし、公職選挙法を知らないと選挙期間中にブログを更新してしまって、あとで大問題になるかもしれません。[*3]

でもこうした知識は、自らが実際の政治にかかわっているか、あるいは政治について考えざるを得ない状況にある人々にとってはぜひとも知っておきたいことですが、通常は自分にまったく無関係だとは思いませんが、切実な問題でない限り、ラインマーカーを引いて勉強したくなるようなものではありません。そして何と言っても、のちに触れるように、制度やルールをいくらくわしく知っていても、自分や愛する人々や友人や敵を巻き込みつつ展開する、この人間の性《さが》であり業《ごう》であり宿痾《しゅくあ》である政治というものを自分なりに「評価」することはなかなかできません。

●「内なる声」とともに発見する

政治を「現実とともに」知ることも、あくまでハウツー的に学ぶことも、両方ともアリです。どちらも、それなりの意味で「学び」です。しかし、政治を学ぶということの中には、もうひとつ重要な学び方があります。それは、**「政治の見方、評価の仕方を、自らの内なる声とともに確認し、自分の生きる現実の中で、繰り返し選び直し続ける」**という学び方です。これはどういうことなのでしょうか。

ここで言う「学び」とは、政治的な目的を達成するためのノウハウを身につけることではありません。学ぶのは、冒頭で示したように、政治を見る「見方」、「視座」です。どのような視点から政治を見るのか、その目のつけどころを自分で確認することです。もし自分が大手ゼネコン社員ならば、学ぶべきは「八ヶ場ダムの工事をどう継続させるべきかを、群馬県の民主党議員への政治献金も含めて、今後どう立ち回るのが賢いのかを知る」だけではなく、「無駄な公共事業を見直し、官僚も政治家も政策的な誤りを犯すことを認めることが、日本の民主政治を成熟させることになるのかどうか」を考え、そのうえでこの問題に自分で判断を下すきっかけにするということです。公共事業見直しのために現実に何が有効かを学ぶのではありません。この問題を私たち全体にとって意味ある話とするために、どのような視点を持てばよいのかを考えるということです。学ぶとは、つまり「問の立て方」を発見することです。どういうふうに考えれば、このことに関する自分の判断が豊かに導き出され、のちに後悔することがあっても、それを人のせいにすることなく振り返られるか、テコの支点のようなものを獲得することこそが「学ぶ」ことです。

問いの立て方は一種類ではありません。それこそ無限に存在します。そして、問いは隣家の芝生を見てうらやましがるようなやり方で立てても無意味です。某豪腕政治家をめぐる「政治とカネ」の問題について、これをどう評価するかは人に教えてもらうことではありません。なぜならばこの問題を自分なりに評価するとは、人の評価を真似することではなく、「自分が」この問題を「こういう問題なのだ」と「思いたい」というところ以外からは出発しえないものだからです。

「日本の今後のエネルギー政策」に関して、自分は「狭隘な領土、人口過密、地震国という日本の特別な条件を考えると原子力発電など論外だ」と思うのなら、この問題に関するこの人の評価は、なおも原発推進を考える政治家に対してきわめて厳しいものとならざるをえないでしょう。こうした評価が正しいかどうかは、自分で判断するしかありません。誰も教えてくれないからです。そもそもこんなことは「お肉の美味しい下味のつけ方」を料理教室で教えてもらうような類とは異なり、人から教えてもらうことではありません。

他方、「危険かつ未来に多大な負担を強いるとはいえ、長年の原発政策によって大量かつ多様な関連産業と科学研究が、この施設に依存し寄生して存在する以上、この経緯を完全に無視することはできず、拙速な脱原発は日本の産業と学問の発展にとってマイナスだ」と考えれば、前者の判断や評価とはまったく逆となります。後者にとって、このような政治判断に関する学びとは、非常に便利なノウハウでも、厳しい世間を知ることでも、大学の政治学の先生の説明を暗記することでもありません。必要なのは「こういう政策や政治が、私たちのコミュニティにとって有益であるかどうか」を評価をするために必要な視点を持つことと、それを自分以外の人々にある程度納得させることができるような説明の根拠を、きちんと言語化することです。そのためには、やることは「自分の立ち位置を冷静に確認すること」と、自分の評価と対立する別の評価や視点に触れてみて、自らの評価すら他者の評価に何度もくぐらせておくことです。

なぜこんなことをするかと言えば、理由は簡単です。それは自分の評価が間違っているかもしれないからです。つまり、政治を見て、そこから何か学ぶという場合には、政治をあたかも劇場で鑑賞するようなやり方をするのではなく、[*4]どれだけちっぽけな役柄であっても、自分すら舞台上の役者なのだと考えなければいけないということです。政治の舞台で起きていることは、政治を「考えたい」という欲求に基づいて言語を紡いでいる人々にとって、よその星で起きていることではなく、「この星」で起きていることだからです。昆虫の標本をガラスケース越しに眺めて観察するのとは異なり、**政治を考えるとは「自分も含めた状況をどうしたいのかという欲望を機動力としながら現実を評価する」ということ**なのです。

先の原発の例で言えば、視点とは前者においては「これまで同様の経済成長を享受するというわけにはいかないが、二〇世紀がもたらした功罪を見直して、あらためて人間と社会の生存を最優先とするべきかどうか」となりますし、後者で言えば「政策や政治の歩んできた経緯や制度の持つ慣性というものを考慮して、漸進的かつ実現コストの低い政策判断となっているか」が視点となりましょう。そして、いずれの見方のうちどちらを選択したいのかを決めるのは自分自身なのであって、それは大学の講義や評論家やジャーナリストの講演会で教えてもらうことではないのです。とくに大学の先生の講義では「すぐに役に立つ便利な知識」とは最も距離が遠いことしか話されませんから、すぐに簡単にワカリタイなら、昨今の政治問題について優しく説明をしてくれる池上彰さんのような人の話を公民館に聴きにいけば、考えるための素材は提供してくれるかもしれません。だからカルチャーセンターの「政治の見方」のような講座に行くことには、それなりの意味があります。しかし、**評価をするのは自分なのです**。政治を学ぶ、政治について考えるという行為の中には、このような「逃げも隠れもできない」プロセスが含まれているというわけです。

●評価をすることに慣れていない社会

ところがどういうわけか私たちの社会の人々は、この「評価する」ということがよくわからないのです。大学の教室にいる若者たちの振る舞いは、この評価ということをめぐる典型的な日本人の思考パターンを示してくれます。わずか二〇年の人生で日本中の若者の社会規範と思考が似たように形づくられます。学生はテキストを読み、報告をし、いざ議論をしようという段になると、議論すべきイシューに関してあまり発言をせず、するとしてもそれは「印象」をぼそぼそと開示することだと思っています。印象とは、「感じ」ですから、これには根拠が必要とされません。「そう感じるもんはしょうがねえべさ」です。そうなると論理的なやりとりにならないのです。これを克服するために、私はしばしば「印象ではない。評価を聞きたいのよ」と問い返します。そうするとほとんどの学生がフリーズしてしまうのです。これは社会人の世界でも同じです。「どんな感想持ちましたか」と尋ねると、日本人はなんだかんだといろいろと話してくれます。しかし「どういうふうに評価しますか」と尋ねると皆止まります。評価するということがよくわからないからです。

ところが、評価とはこういうことだと説明はできなくても、不思議なことに「評価するなんてのはカッタルくて、何だかヤバい波風を立たせて、自分が浮くか、みんなに引かれるような面倒な事態につながっているのではないか」という勘だけは滅法働くのが、われらが隣人の飛び抜けた能力です。生まれてからたかだか十数年の高校生ですら、直観的にこうした「ヤバさ」に気がついています。

年に何度か行われる、今や受験生集めのための必須仕事である大学でのオープンキャンパス行事では、数カ月後に自分が受験する学部学科の説明を聞こうと、たくさんの受験生が集まってきます。学部学科ごとのブースの中でも、いつでも受験生が長い順番待ちをしているのが経済学部系と女子学生に不変の人気を誇る心理学系です[*5]。この一五年の傾向では、学部学科名に「国際」とか「情報」などという文字が含まれていれば、必ず人気学科となります。他方（もう予想されていると思いますが）、いつでも閑古鳥が鳴いているのが、われらが政治学科です。やって来るのは、「国連とかで働いてみたい」と目をキラキラさせている志の高そうな女子高生と、「政治家になるためには、やっぱ政治学科とかに入っといたほうがいいんすかぁ?」とマヌケな質問をしてくるマジメな男子君のどちらかです（とてもありがたいことですが[*6]）。

もちろん何かを評価をするということは、さほど簡単なことではありません。優れた評価は非常に時間をかけて、丁寧に考え抜かれたのちに立ち現れるものでしょうし、評価する以上はあまりいい加減なことは言えないという縛りもかかります。軽薄で軽率な根拠で何か馬鹿げた評価をしたら、逆に自分がネガティブな評価を受けるかもしれないという恐怖もあります。しかし、この世界に存在するすべての評価は例外なく、「暫定的」評価です。間違ったと思えば、再び考え直して評価し直せばよいのです。でもなかなかそれができません。日本社会そのものが、間違いを極度に恐れる優等生のメンタリティに引きずられて、そもそも表だって評価などしない社会だからです。評価をすると波風が立つとみんな思っているからです。できるのは私的空間における「陰ながらの評価（あるいは悪口）」です。このことは、私たちが日々直面する大問題に直結する厄介な問題です。評価がきちんと文化となっていない社会で、真っ当な政治家が育つのかという巨大な問題です。

●「バッシングと丸投げ」を同時に行う私たち

本章のタイトルは「政治は切ない」です。どうしてこんなタイトルをつけたのでしょうか。政治に関心と興味を持ち、それに対する考えや気持ちを発信できるソシアルメディアが発展しつつあります。ところが関心もメディアもあるのに、肝心なことが理解されていないために、冷静に政治を語る条件が不十分で、ひどい言葉と幼稚な言葉と明日につながらない大雑把な言葉が大量にあふれています。政治をワカルということや政治を学ぶということが、学ぶ自分自身にかかわるという大切なポイントが共有されていません。政治と向かい合うとは、**「自分を棚上げしないで、シガラミを突き放して、その時代に必要とされた条件の下で、自分の価値判断に耳をそばだ**

てて、一度バラバラに世界を解体し、もう一度自分で望ましい世界を再構成しながら、自分なりの政治の評価をすること」です。ところが政治論議に新たに参加した多くの人が政治の評価を他者におまかせして丸投げしておきながら、何か安易に人を叩きのめすことができる問題が起こると、一点の曇りもない借りものの正論という安全地帯から、ひたすら政治家をバッシングをするということが横行しています。これは本当に切ない光景です。

政治に関心を持てば、政治家や官僚がやっていることに対しては不安と不満が噴出するのは無理もありません。昨今の彼らの悪しきパフォーマンスは目に余るものも多いからです。しかし、政権交代がなされてわかってきたことのひとつは、言うまでもなく「これまで多くの有権者が政治家と官僚に政治をすべてを丸投げしてきたこと」です。つまり日本の有権者は「おまかせ政治」に好きなときに注目するだけの御気楽な観客に過ぎなかったということです。戦後政治には、健全な野党という選択肢が存在していなかったから仕方がなかったのだという話もよく聞きますが、それを一部認めたとしても、やはり日本の有権者は「優秀な官僚と融通無碍で現実的な自民党」にやらせておけば、暮らしもよくなり、豊かなニッポン万々歳だと思ってやってきたということです。

今もなおそういうことならば自民党から民主党に政権が移っても、優秀な官僚がいるのですから、文句も言わずに丸投げしておけばいいのですが、日本の有権者の多くは丸投げしつつ、かつ同時にバッシングをするのです。罵詈雑言でバッシングするような、それほど非難し、軽蔑している政治家たちなら、どうしてそういう人たちに日本の未来を丸投げするのでしょうか。多くの人たちは、自分自身もこの事態にコミットしているということを忘れて、政治を自分で評価することもせず、その評価を他者に委ねて、その罵詈雑言のバッシングに乗っかって政治家や官僚を馬鹿にして、それでいてそんな人たちになんと「政策やビジョンを出せよ。エリートなんだろ?」と要求しています。これでは政治も政治家も救われません。だから切ないのです。

バッシングも構いませんし、必要なときにはそういうことをやらないと、権力の座にある者はあっという間に腐敗してお調子に乗りますから、問題の本質をえぐり出すような豊饒な言葉を尽くしたバッシングが大切です。しかし、今日政治の場に現れる言葉は呆れ返るほど劣化していて、言葉は軽く、そして一国の首相や数少なくも存在する有能な政治家に対するまったく敬意の欠けた誹謗中傷がメディア上にあふれています。罵詈雑言とネガティブな評価とはイコールではありません。ネガティブであろうと、あらゆる評価には「ある程度の限定された意味の仕切り、冷徹な事実の積み重ね、当該問題に関する判断がもつ合理的な展望」が含まれていなければなりません。そういうことをもうそろそろきちんと考えるべき時が来ているのではないかと思うのです。

政治や政治家を蔑《さげす》むのは個人の勝手です。しかし、もし政治を一部の人間に丸投げするのをよしとしないなら、今のままでは政治は切ないままです。普通に政治を語るとは、丸投げせず、政治家や官僚をいたずらに蔑まず、そして政治や政治家を眺める視点を獲得して、自らが政治を評価することです。こうしたことにガヤガヤとしたうるさい幼児語は必要ありません。思いよ届けとなされる絶叫も必要ありません。自分で取材しないで役所のペーパーを垂れ流すような、それでいてセンセーショナリズムを煽るようなマスメディア調の大声もいりません。流行りのフレーズではありませんが、やはりこう呼びかけたいのです。「みんなでそろそろ静かにちゃんと政治を語ろう」と。

＊1――高畠通敏『政治学への道案内』(三一書房、一九七六年、八‐九ページ)

＊2――私の友人は、昔、有力政治家の秘書をしていたころに身につけた、さまざまな政治技法について話してくれたことがあります。その中でも最も印象的だったのは、彼が金額の異なる茶封筒を上着の内ポケットに常時三〇から五〇袋身につけて歩いていたことです。相手の顔、身なり、履いている靴、歯の治療をしているかどうかなどを見て、一瞬のうちに判断して、渡す金の封筒を選び、各々異なった状況で、異なったお礼の言葉をかけて、それを渡すのだそうです(あるときには現金を海苔に挟んで渡したこともあったそうです)。

＊3――じつに馬鹿げたルールです。この点に関しては、日本の法令は「周回遅れ」状態です。また、日本の選挙のルールは本当に非民主的なものが多いです。ちなみに衆議院議員選挙の選挙期間は一二日しかありません。こんな国はたくさんはありません。

＊4――舞台と観客の関係において絶対に守られるルールとは、観客は舞台上で起きていることに決してその場ではかかわらないこととされているからです。

＊5――心理学を学ぶ目的は「自分が精神的に救われそうな気がするから」という、極私的なものであるのが信じられません。学問は他者を幸福にすることに繋がっていなければならないという前提が皆無です。しかしこうなっているのは彼らの責任ではありません。

＊6――まだ高校生なんだからアンタの言っているようなコマッシャクレタことなんか解りゃしねぇよと諌める方もいらっしゃるかもしれませんが、私から言わせれば、早くも高校生にして「評価する」ことの大切さをスキップして大学生への入口に突入せんとする人たちで学校はあふれ返っているという現実に、驚かざるをえません。たった一八年程度で、「評価しないで習う」ことばかりを考える人間になってしまっているのです。

日本の外交は切ない

質問……普天間の移設問題とかでも、日本の態度にアメリカは怒っていて、このままじゃ日米関係が「もたない」んじゃないですか？

回答……「もたない」結果、どうなるのかについて、誰も何も言ってくれません。そもそも日米関係はもはや突出した二国間関係とは言えませんが、日本の外交はアメリカの外圧に過剰反応します。でも同時に、自分たちが国際社会の中でどういう存在でありたいのかという、基本のメッセージもないのです。じつに切ないのですが、それが日本の外交です。

●日米関係がもたない？

民主党への政権交代後、当時の新総理大臣は「対等な関係としての日米関係」を目指すことを果敢にも公言しました。すると、まるで予定していたかのように「日米関係を軽視か」とか、「米、

『対等な関係』発言に憂慮」などと報道されました。いつものことですからあまり気にしませんが、これがとにかく心配な人が日本にはたくさんいます。まるで誰かがキューを振って、絶妙のタイミングで書かれているのではと思うほどの、例の「いつものやつ」です。

一九九六年に自民党の橋本政権が合意した普天間へリコプター基地の移設についても、新首相は政権につく前から「最低でも県外移設」と野党的楽観花火を打ち上げてしまっていましたから、その外交的経験値の低さ（これはオバマ政権も同じです）や、安上がりでサービス満点の日本の基地駐留状態を手放したくないアメリカとの交渉は難航を極め、社民党の連立離脱というおまけもついて、大きな進展と変化もなく、沖縄の基地負担という現状も変わらず、この問題は振り出しに戻ってしまいました。やはり安保・外交は重く、日米両国の政権が代わっても、この政策では前政権方針の踏襲というわけです。[*1]

この間、基地問題が決着を見ず、交渉の行方が二転三転する中で必ず言われる、いまひとつのフレーズが周辺からまたぞろ聞こえてきました。それは「このままでは日米関係がもたない」という危機を喚起する表現です。たとえば、「九六年合意を粛々と実行するだけという不動の姿勢を少しも崩さないアメリカの忍耐力も、もはやギリギリのところまできており、連邦議会の予算審議のタイミングから逆算すると、月末までに決着を見なければオバマ政権にとってのダメージとなりかねず、そうなれば日米関係は危機的状況を迎える可能性もある」などと書かれます。テレビのゲスト・コメンテーターも、何か見てきたかのような表情で「まあ、このままでは日米関係がもうもちませんから……」などと発言します。ネットにおいても、某シンクタンクの研究員の論文から、まともな事実を一切踏まえない匿名残念ブログに至るまで、とにかく「日米関係は今まさに戦後最悪のレベルにまで冷え込んでしまっている」といった、とにかく「もう駄目だ！日米関係」の声が何かあると必ず出てきます。何がそんなに不安なのでしょう。

不思議なのは、どの記事を読んでも、誰のコメントを聞いても、日米関係がこのままでは「もたない」とは言っても、「ついに持ちこたえられなくなったとき」にいったい何が起こるのかを示してくれる人も記事もまったく見当たらないことです。「もたない」とは、これまで両国を結ぶブリッジの上に諸々懸案の問題が重くのしかかり、ミシミシと軋んで、それでもたくさんの人の努力と尽力によってなんとかその重さに耐えていたが、もはやこんなことでは両国を繋ぐ橋も持ちこたえられそうもないということなのでしょうから、普通はそこまで警告されると、飛びきり早計な人などは「そうかあ、政府の迷走のせいで、ついに日米国交断絶かあ」などと思ってしまうかもしれません。[*2] 日米関係オワタと。

●日米関係は冷えていない

でも、実際は総体としての日米関係が冷えていると合理的に判断できる事実や根拠はあまり見出せません。たとえば、9・11以降のイラク戦争の流れで課題となったテロ対策問題においても、インド洋の給油活動を止めた途端、「日米の基本的信頼関係を揺るがしかねない」と自民党と自衛隊OBは大騒ぎをしましたが、海上給油を担っていた自衛隊の活動の代わりに、日本政府は年間一〇億ドル（約八〇〇億円）の民政支援を五年も継続すると申し出て、アメリカから大変な感謝をされました。

また、北朝鮮問題に関しても、韓国や日本や中国などを含めた多国による包囲を嫌って、米朝の二国間関係に土俵を限定し、揺さぶりをかけようとする金正日の意図を見抜いているアメリカは、ブッシュ時代のやり方を大きく修正して、拉致問題を前進させたい日本にとってありがたい、この問題における「日米の緊密な関係を強化する」方向に舵を切りなおしました。在日米軍問題では、どちらも新政権ということで、意思疎通のための慣れ親しんだ「物言いのための表裏の範囲」が共有されておらず、誤解を招くやりとりもありました（「トラスト・ミー」問題など）。しかし、今やオバマがハトヤマに不信を持ったというのは、メディアが煽った不正確な推測だったことは明らかになっています。オバマ政権が頑固なのは、メディケア法案など難しい議会運営の最中に、議会の海兵隊の利益代表を敵にまわせなかったからです。つまり日本の政権を全体として信用しなくなったという話ではないというのが、アメリカのメディアの一般的な見方と評価でした。ですから日米関係は「持ちこたえられない」わけでもなく、「冷え切っている」わけでもなく、相変わらず「そこそこ良好」といったところなのです。

●アメリカは基軸関係と考えず

そもそも日米関係は、不問の前提にするほど基本的で基軸的な関係なのでしょうか。もちろん日本と政治・経済・軍事・民間レベルにおいて非常につき合いが深く、相互に行き交うモノやヒトやカネが今もとても多いことを否定するつもりはありません。第二次大戦後の冷戦の時代に日本は西側陣営の一員として、アメリカの核の傘の下で、多大な金銭的コストを負担することなく、比較的安く国防を済ませることができ、おかげで戦後復興や経済成長に費用をかけることが可能となりました。被爆国として核兵器保持の道を採らなかったことも、こうした冷戦構造の内部でのアメリカへの依存を強めさせた原因ですが、ソ連と中国を背後にして、地政学的な意味においても、当時日本にアメリカと軍事的に連携するという以外の選択があったとも思えません。

しかし今日、冷戦の終焉によって日米安保条約のあり方はすっかり変わっています。安保によって米軍は日本を守るという考えを前提に、相変わらず日米軍事同盟を考えている人がたくさんおりますが、もはや安保条約は日本の防衛を主な目的とするという発想の下にはありません。ソ連崩壊直後の一九九二年頃から、日米安保の存在意義を冷戦後の未来のために再定義する試みが繰り返しなされてきました。これは安保の対象範囲を拡大することを目的とするもので、「日米新ガイドライン合意」（一九九七－九九）や「周辺事態法」へと結びつき、かつては極東の範囲をめぐって激論が繰り広げられた安保も、この時点でかつての地理的な基本概念はすっかり取り払われてしまいました。そして、つい五年ほど前には、両国の外務・防衛大臣による、いわゆる「2プラス2合意」によって、元来日本をアメリカが守るという目的を持って生まれた日米安保条約が、アメリカがコミットする世界の秩序のために日本は何ができるのかという、まったく別の目的にすり代わった条約になってしまいました。なんと「安保は日本防衛のため」から、「安保は日本にアメリカの世界戦略の一端を担わせるためにある」という大転換が起きてしまっているのです。

経済的な関係においても、今日アメリカが行っている貿易関係で最も取引量が多いのは、もう日本ではありません。一位はカナダで、次がメキシコ、そして中国が続き、日本は第四番目にすぎません。日本側から見た場合も、対アメリカ貿易は一九九〇年の約半分くらいですし、今日どこよりも深い経済関係にあるのは、言うまでもなく中国です。日米関係はもはや特別な関係ではありません。

にもかかわらず不思議なことに私たちは、どこかで和歌の上の句のように、とくに強く意識することもなく「日米関係こそ基軸関係ですから」と言い続けています。そして、それよりも不思議なのは、アメリカ側は外交プレーヤーとしての日本をやりとりの中で変化させることのできる存在と考え、それでいて自国の利益を最大化するようにつねに考えているのに、日本側はやり方次第でアメリカ側の態度や利益認識を変えさせることができる「生モノの国際政治のアクター」と考えている節がほとんどないということです。日本にはさまざまなやり方を通じて、アメリカを自分たちの都合のいいように変えようとか、コントロールしようとする気がほとんどないということです。つまり外交をしようという主体的意思を見せない、世界でも類を見ないユニークな国家であるということです。

●アメリカは「世界の大勢」である

アメリカを自国にとって必要不可欠なパートナーだと考えるなら、そして外交というものが自国の利益と他国の利益の共存を目指す、利益同士のすり合わせ作業であるとするならば、何よりも考えなければならないのは、どうしたら相手の考えや決定やアクションを変えることができるかです。アメリカが私たちにとってつき合うべき相手として必要なのは、つき合うことで私たちの利益が増進するからです。しかし、すべての国家間関係には、利益の衝突がありますから、ときには自らの利益を棚に上げて協力を申し出て、また別の機会には協力を得て何とか関係を継続させていくわけです。その際には、相手も自分もコミュニケーションと交渉のプロセスで「変わりうる」という前提を持たなければなりません。当たり前です。自分の利益のみに固執し、そこから一歩も出てこないなら、そもそも交渉の必要もありませんし、それでは相手を変えることもできないからです。つまり肝要なる利益線をはさんで、少しでも回路を開いて相互にコミュニケーションをとることを外交というのです。

ソ連が消滅してしまった冷戦後の世界秩序の中で、自国の利益をどうすれば確保できるのかを考え、その結果アメリカは日米安保条約の強引な再定義を押し進めてきました。その理屈は、自分たちの経済力や軍事力が昔ほど景気がよくないから、日本に相応の負担をさせて、何とか唯一の超大国の地位をキープするべきだというものです。しかし、条約ですから、一国の利益をそのまま、軍事力を背景に押しつけるような稚拙なことはできません。だからアメリカは、意図的に自分たちの考えがどれだけ東アジアの安全保障にとって有益かつ日本の国益に資するものかを、日本のオピニオンリーダー、官僚、政治家たちに説得し、仲間をつくり、賛同者を育て、戦略的に日本と向かい合ってきたのです。これはアメリカが特別なことをしているという話ではありません。外交とはそうやってやるものだという、イロハの「イ」の話です。

安保条約のような基幹的な取り決めの定義や解釈を変更したり見直すような場合には、通常は相手国の政府の統治エリート、その国のマスメディア、自国の論客やメディアに、それぞれ理解を求めたり、自らの主張を受け入れさす「地ならし」をしておくものです。相手の態度を変えたり、こちら側の考えの変化を受け入れさせたりするためには、そうした世論や論調づくりが欠かせません。アメリカは、今から思えばこれに相当する情報操作のようなことを積み重ねてきたのです。冒頭で示した「日米関係がもう持たない」と危機を煽った、あるいは日本の親米派に「煽らせた」のは、間違いなくアメリカの意思でしょう。これは「アメリカの陰謀による洗脳」ではなく、外交技術です。

ところが、先に紹介した「日米新ガイドライン合意」や「2プラス2合意」という決定的な外交において、日本の統治エリートもマスメディアも、この問題を徹底的に議論することなく、あっさりと受け入れてしまいました。国論を二分させた（と言われた）、少なからぬ犠牲を払って成し遂げた安保条約の改定から約半世紀を迎えようとして、その内容や目的に大きな決定的な変更を加えようとしているのに、日本はこの外交事案を、基本的にはアメリカの要求どおりそのまま受け入れました。アメリカ側はしてやったりの気分です。

日本の防衛ではなく、アメリカの国益のためにある条約へと意味を変えようとするなら、そうはさせじと通常は日本にいるアメリカのジャーナリストに、惜しげもなく記事を書く媒体をオファーして、多額の金をぶち込んで、日本の立場を強くアメリカや国際社会で代弁するような論客を育て、増やし、動員するのが外交のひとつの有力な手段です。

しかし、驚くべきことに日本の政府とマスメディアは結託して、なんと外国人ジャーナリストや特派員を「記者クラブに属していない」という、今やアフリカの新興国でしか行われていない入場規制をすることで、上手につき合えば世界に自分たちの立場を説得する役割を果たす人々の多くを自ら排除してしまっているのです。アメリカ側は、政治的に有用な認識や理解を広く浸透させるために大量の親米学者やジャーナリストに「日米関係がもたない」という煽る論説を発信させています。ですから日本だって「日米安保の再定義は、アジアの緊張を間接的に高めるものだ」と、アメリカを牽制しつつ、今や軍事大国である中国や日本の安全保障政策に直接・間接まだら模様のような関心を持っているアジア諸国を味方につけなければならないでしょう。ところがそのために不可欠な役割を果たす外国人ジャーナリストや論客をこちらからむざむざ手放してしまっているのです。このことがどれだけ国益を損ねているかを日本人は知りません。なぜなら、当のマスメディアがそんなことを絶対に報じないからです。日本政府とメディアはエキセントリックな連中だと国際社会に思われているのに、それを一般の人たちは誰も知りません。

多くの読者の方々にはもうおわかりだと思いますが、これは日本がずっとやり続けてきた、体外的問題を処理する際の「例の」、「あの」やり方です。つまり、自ら主体的に世界の全体秩序を構想し、自らの世界理解に従って、「世界のために自分は何ができるのか」という発想を世界に向けて発信して、自分も他者も変わっていこうという姿勢を一切持たず、基本的には世界で起こったこと、世界情勢、「世界の大勢に鑑み」、ひたすらそれに事後的に対応するだけという、あのやり方です。

日本政府は、日米安保が冷戦後の東アジアでどのような役割を果たすのか、その中で自国の利益の何を最も守るべきなのかの判断に優先順位をつけていません。自分たちの守るべきものとアメリカの思惑とを上手に整合させるために、それに自覚的となって主体的に交渉して安保の再定義に合意したのではありません。そうではなくいつも「アメリカがそう言ってきてるんだから、放っておくわけにもいかんだろう」とだけ考えるのです。その際「そんな強引な安保解釈変更はもう少し時間をかけてやりませんか」と提案することもなく、あたかも黒船に乗ってきたペリーに追い込まれて、御公儀にかけることなく日米和親条約を結んでしまったときのように、後手後手で対応処理したというわけです。最初は少々抵抗しますが、「もはや世界の大勢はかようなることを踏まえ」と、何の展望も、原理原則もなく、外圧を受け入れてしまうのです。

世界の大勢に怯え、世界の大勢なのだから変えることなどできるはずもないと考え、あたかも接近する台風に備えるように、何とか世界の大勢に順応し、世界の大勢の中に紛れ込み、目先の利益を守り、その後の世界はすべて既成事実として、外交によって変えられるものではなく、「動かしがたい世界の大勢という環境」として、次の黒船を待つのです。その意味で日本人にとってアメリカという国は、具体的なアメリカではなく、「アメリカ」とそのときは呼ばれている「世界の大勢」なのです。「日米関係が基本である」という認識は、意識下ではどのように言語化されているかというと、「アメリカはつねに一定の圧力をかけてくる世界の大勢である」というふうになります。

沖縄の米軍基地への「思いやり予算」は二〇〇〇億円に達しています。こんな理不尽な予算は、政権が変わったらすぐに見直しとなるべきであったにもかかわらず、「政権が変わっても、世界の大勢はそう変わらないのだから性急には変えられない」ということになっています。

●外交のことはワカラナイ

身も蓋もない言い方ですが、外交のことは何だか本当によくワカラナイのです。ちなみに、ここで言っている「ワカラナイ」にはふたつの含意があります。ひとつはこれまで指摘したように「日本人には外交というものがどういうものなのかがよくワカラナイ」という意味です。それは日本人が「世界の中で自分たちたちがどのような存在たらんとすべきか」という問いに答えを出すことが本当に苦手なためです。自分が世界の中でどうありたいかという基本的な欲望が曖昧な者には外交などというものは永遠にわかりません。[*3]

外交がワカラナイのふたつ目の意味は、もう少し平たい意味です。普天間基地移設問題が暗礁に乗り上げたあと、海兵隊の利益代表が上院にも下院にもうようよしていて、彼らの利権に抵触することはなかなかできない大統領が「今後の日本政府との関係を憂慮」した結果、本当は何が起こるのか、それは誰にもわからないということです。フラストレーションがたまったオバマが「対日年次改革要望書」[*4]に、郵政民営化以上にとんでもない要求を書き入れるかもしれませんし、北朝鮮の拉致問題から手を引くと言い出すかもしれませんし、アメリカ議会の民主党がメディア法案の取引材料として、共和党の右派と組んで、沖縄以外の基地問題でなお面倒な圧力をかけてくるかどうかも、みんなワカラナイのです。加えて、「アメリカが怒っている」というときのアメリカが「どの」アメリカなのかが、これまたみなさんワカラナイのです。

ワカラナイのは何もアメリカとの外交だけではありません。私たちの多くは、尖閣諸島での中国漁船の船長を釈放せよと、つぎつぎに圧力をかけてきた中国共産党政府が、船長を釈放した途端に、つぎつぎに、流れるように、日本の外務大臣と「阿吽の呼吸」で態度を軟化させていった本当の理由をさっぱりワカリマセン。インドの指導者たちとは異なり、エリートがイギリス流デモクラシーの教育を受けていない中国では、一三億人のデモクラシーを博打同然でせざるをえないこと、一三億人が食えなかったから開放経済はやったけど貧富の格差が広がり過ぎてバラバラになってしまうから、反日教育をして共通の敵をつくり社会の分裂を回避させねばならない共産党の事情もくわしくはワカリマセン。

そして、私のような政治学を専門とする大学教授ですら、そして外務省の官僚であっても、世界で起きていること、政治リーダーが考えていること、まったく報道されない中国の田舎でどれだけの暴動が起こり、どれだけの農民が軍隊に殺されているのかも、韓流ブームの陰で、非正規雇用率五〇%を超える韓国で、希望のない若者が毎日ネットゲームをやりながら何を考えているのかも、みんなよくワカラナイのです。残念ですが、馬鹿げた煽りに乗せられることなく、静かに外交を語るためには、私たちはまったくもって切ないこのことを認めてから、静かに淡々と考えることをはじめる以外にないのです。

「ってゆうか、中国マジムカツク」とか言ってる場合じゃないのです。

＊1――過日、ウィキリークスはこの背後で日本の外務省親米派が首相の目指す方向を妨害し続けていたことを暴露しました。こんなことが明らかになっても誰も何の大騒ぎもしないのがまた摩訶不思議です。

＊2――何しろ日本は七〇年以上も前に、実際にアメリカをひどく怒らせて、軍隊と日本人の生活を維持するのに絶対にないと困る「クズ鉄」と「石油」の輸出を完全に止められた経験がありました。つまり「そんなのありえない」とは決して言えない歴史があったのです。

＊3――この問いに対するひとつの説明が内田樹氏の『日本辺境論』（新潮社、二〇〇九年）です。

＊4――愛国者を自称する右翼、民族派の方々、ということは日本共産党の方々も含めて、このような露骨な奴隷関係を目論む要望書を、小異を捨てて人民戦線を組んで、一億火の玉となって焼き払うべきです。

民主制は切ない

質問……民主主義って、みんなの意見が反映されなきゃ駄目じゃないですかぁ。そのためには俺らが日本をよくしていくっていうかぁ、俺ら日本のみんなの力でやるしかないんじゃないですか？

回答……まず民主「主義」なのかというあたりから問題で、それと「みんながアホ」だったらどうするかという切ない問題があります。それと「みんなの範囲」を誰がどうやって決めるかという、これまた切ない問題があります。もう切ない問題の目白押しです。

●「主義」なの？

冒頭から、いきなり民主「主義」という言葉が切ないのです。それは日本語の「主義」という言葉に含まれる不幸と「民主」がセットにされてしまう哀しい事態です。

主義と言われると、これは「頭の中のこと」と思われます。つまり現実に対する理念のことだと。この二項対立には、「冷徹な事実」対「大甘の理想論」という決めつけが含まれてしまっていますから、「結局さ、主義って自己満足な理想論にすぎないじゃん」と片づけられがちです。ああ切ない。英語で使うときは、デモクラシー（democracy）ですから、「主義」のニュアンスの縛りとなっている「イズム」という部分は含まれていません。しかも、この言葉は不定冠詞の〝a〟もつきますし、複数形の〝(e)s〟もつきます。この場合は、「(現実に存在する）民主政治諸国」という意味です。つまり、絵に描いた餅ではなく現実を指す言葉です。

このように民主「主義」は、絵空事だけでも夢物語ばかりだけでもないのに、勝手に「主義」にさせられてしまっている、本当に切ない言葉なのです。この言葉の切なさを重くとらえて、以後本書では可能な限り、この不幸な日本語を避け、現実の政治体制を指す場合には「民主政」、統治機構だけでなくより広く社会技法、制度、そして振る舞いの流儀などを指す場合には「民主制」、そして民主政治や民主的社会を構想する理念を示すときには「民主主義」、全部をひっくるめて全体を総称的に示すときには「デモクラシー」とおおよそ使い分けてみたいと思います。

●「民主制万歳！」ではない

もうひとつデモクラシーが切ない理由があります。それは、これを「とてつもなく素晴らしい人類の理想」とする人々が少なからずいて、あまり深く考えもせず、焼肉屋でのメニューの定番を宣言するかのように「とりあえず民主主義でしょ」と認識する人々が世界中に広まっていることです。「とりあえず」という言葉自体は、この切ないニュアンスをとらえていて面白いのですが、民主制とはそれほど素晴らしいものでも、キラキラと輝くものでもありません。でも、かといって「悪魔よりも恐ろしいもの」というのともちょっと異なるものです。ようするに民主制に関して言えるのは、「とりあえず、これよりましなやり方を人類はいまだに見つけていない」ということです。

これの裏返しの関係もあります。まるで鬼の首を取ったかのように民主制をこき下ろす人たちもいます。昔は、民主制をまさに「親の仇」みたいに言う人たちがいて、この人たちにはなるほどと思える現実的背景がありました。たとえば、一九四五年の敗戦とマッカーサーの改革によって土地財産をあらかた取り上げられてしまった大地主や華族の方々は、民主制のために自分たちが没落したのだと思っていましたから仕方がありません。ところが、今日、民主制を口汚く罵る人々は、この世の中が上手くいかないことの原因を全部民主制におっ被せようとするきらいがあります。「諸悪の根源は戦後民主主義である」などといった大雑把な言い方です。いずれにせよ、民主制を白か黒かではなくグレーゾーンの中で丁寧に評価できない人々です。民主制が嫌いなのではなく、きっと民主制を好きな人たちが嫌いなのでしょう。

民主制が、とりあえず支持されている理由は、それがいちばん「理不尽に大量の人々が死んだり不幸となったりする頻度が低いと思われている」からに過ぎません。たとえば戦争です。イギリスの哲学者B・ラッセル卿は「デモクラシーの国では評判の悪い戦争をやり続けることはできない」と言っています。物も人も資源も大規模に動員して行う二〇世紀以降の戦争には、人々の支持が不可欠です。また、人間は自分が赴く戦争に関して一言も相談をされないのでは喜んで戦地に出かけることもできません。逆に独裁者のいる国では、納得のいかない理不尽な死が強要されるでしょう。

●民主制の二大ポイント

インターネット上のブログやツイッターなどを読んでいると、多くの人々は自分の強い思い込みを乗せて「ミンシュシュギ」という言葉を使っているようです。あまりのビッグワードゆえ、それも致し方ない面もあります。しかし、こういう問題を扱うときには多くの人々が依拠する太い柱のようなものだけは確認しておかなければなりません。そうでないと、蕎麦屋での「やっぱりきつねだよなあ」、「そうそうここはたぬきよね」、「お前もかよ？ 俺はオカメ」みたいな、馬鹿げた会話になってしまいますから。

いろいろありますが、民主制のキモはこの二点です。

①人は共同で暮らしている以上決めごとに従うが、自分の自由を抑えてまで人の言うことをきくのは、それを決める人たちが「みんなで合意した人たち」であるから。

②いろいろな決めごとの中でも、自分の人生や生活に大きくかかわる決めごとには、誰もが一声もの申す資格がある。

①は、私たちはどんな政府や権力に従うことをよしとするのかという問題で考えればわかりやすいでしょう。集団で協力して生きていく以上、腕づくで物事を押しとおすようなことを避けるためには法律が必要で、そうするとそれを運用する第三者、つまり政府が必要です。だから政府や法には従うけれども、それは「俺らが納得して合意した権力（政府）だから」という不動の原則です。君主や独裁者に従いたくないのは、彼らが勝手に伝統と腕力だけで権力を行使しているからです。

②は、「俺の人生を左右するような決めごとを俺の知らないところでやるんじゃねえよ」という理屈です。事実上、処理に何万年もかかるようなプルトニウムを燃料に使用する発電所をつくるかどうかを、半径三〇キロ以内に住んでいる俺の知らないうちに決めないでほしいという、極めて切実な原則です。

つまり共同社会で決定したことに従うためには、合意した結果できた政府によって（①）、自分たちが直接間接関与したやり方で決めること（②）を要求するのです。さまざまなバリエーションはありますが、民主制の基本となる太い柱はこの二本です。確認しましょう。民主制とは、政治によって理不尽に人がたくさん死ぬ可能性が最も低いやり方に過ぎず、みんなが納得した権力にだけ従い、そして自分の人生に深刻に影響を与えることに自分でかかわって決めごとを行う「やり方」です。

●それでもやっぱり切ない二大原則

しかし残念なことにこの二つの原則が、もうすでに相当切ないのです。まず「みんなで合意した権力」ですが、問題はひとえにこの「みんな」にかかわります。つまり、本当に「みんな」で大丈夫なのかという巨大な問題です。そもそも「みんなは本当にみんななのか」という問題もありますが、それよりもストレートに言うと、「みんな」の中にとんでもなく残念な人たちが大量に含まれていたらどうするのかという、言うと嫌われるので誰もちゃんと言ってこなかった問題です[*1]。

「原発事故の現場で命を懸けて働く電力会社の労働者を祈りながら応援すること」と、「想定外という言い訳とともに出鱈目な管理で国土消失という人災をもたらし、なおこの期に及んで事故補償を税金でやらせようと暗躍する、クズのような電力会社の幹部の責任を追及すること」は同時にできるし、しなければならないのだということを、何度説明してもわからない人たちがいます。「今は東電を批判するな」と、挙国一致を言う人たちです。そんなシンプルなことすら理解できない人たちが合意してつくった政府なんかに本当に従うことができるのかという、民主制が紀元前の古代ギリシャの時代から悩み続けてきた切ない問題です。

亡くなった私の祖母は、自民党に投票した次の選挙では平然と「今度は共産党にした」と言っていましたが、彼女は自他ともに認める大変な知恵者として堂々一〇二年の人生を渡り歩きました。残念な政治判断をする人が、即残念な人間であるなどという決めつけは、人間の真実に一切触れることのできない痴れ者がすることですから、この問題は途方に暮れるほど切ない問題なのです。

次に「決めごとに一声申す資格」ですが、ここで問題となるのは、決めごとに人生を左右される人々の「範囲」をどのように、どこまでと決めればよいのかという、これもまた切ない問題です。「農家への所得補てん政策」に関する決めごとに人生や生活が左右される人々とは、当面、直接的には農家の人々ですが、プルサーマル核燃料廃棄物の処理場をどこにするかという決定に関しては、それが日本の原発から北極に廃棄するならば、それはアイスランドやカナダやロシアの人々の人生に直接の影響を与えます。だとすれば、日本の原子力政策の諸決定にはアイスランドの市民は、一票、一声もの申す資格があるのではないかという問題です。

同じことは、核ミサイルの発射ボタンを管理するアメリカ政府に関しても言えます。私たち日本人も未来の不安と有事対応を根拠にして、アメリカに「どんなときでもまともな判断を下せる大統領を選びたいので、ぜひ参加させろ」と主張することができるのではないかということです。まさに「俺たちに相談もなしに俺たちの人生にかかわる大事な決めごとをしてくれるな」です。

そういうことを言うと、「そりゃ国境で分かれてんだから無理だろう」と簡単に片づける粗忽な人がいますが、人権に国境などというものがないように、放射性物質にも国境など無関係です。日に日に日本（の政府と電力会社）への視線がきびしくなっていく、国際社会の態度を知るにつれ、そんなことはもう私たちにはわかっていることでしょう。でも、アメリカの核戦略や核管理に、あるいはイスラム原理主義に依拠したイランの核兵器管理に対して、一声一票を制度的に持ちえない、それが実現される可能性が当面ない現実において、この問題の切なさはつのります。

●とりあえずの工夫

「大量の残念な人々がワーッと熱くなってできた政府に従えるのか」と、「決めごとに影響を受ける『私たち』の範囲をどう決めるのか」というふたつの大問題に直面して、民主政治理論はとりあえずいくつかの理屈のバリエーションを用意してあります。

ひとつは、基本の方向性を示すのは「みんな」の凝集された意見だが、それをちゃんと洗練された制度の中で正しく運用する人々は、高い教育を受けた賢明なる少数者にまかせようという「エリート重視型」のモデルです。たとえば、経済学者のＪ・シュンペーターは「人々はリーダーを選ぶだけでいいのであって、政策的な判断はできないし、しなくてもいい」として、みんなの意志と判断が及ぶ範囲を限定しました。これは古代ギリシャのアリストテレスの時代から続く、政治理論における伝統的見解です。政治は、大切なポイントにおいては賢明なエリートにまかせよというわけです。

もうひとつは、「権力をつくり出すのも、実際の運営も、ともに人々がかかわるべきだ」とする「参加重視型」モデルです。これは一八世紀の政治思想家であるＪ・Ｊ・ルソーの考え方に典型的です。でもそんなことが可能となるのは、参加する人々の数が少数である場合だけでしょう。実際、ルソーが念頭に置いたのはコミュニティの決めごとや相談ごとを人々がリンゴの木の下に集まって話し合った、自分の生まれ故郷の一八世紀のジュネーブのイメージでした。また、古代ギリシャのポリス（都市国家）の民会などもこの考えの古い源流にあります。当時のポリスであったアテネでは、裁判官がくじ引きで選ばれていたりしました。ポリスで生きるということは、そうした公的生活を意味したのです。

二一世紀の今日、「みんな」の質と範囲の問題と、それに対する現在までの回答はどのようなものとなるのでしょうか。エリート重視型は、大規模現代国民国家という条件のもとではある程度は仕方がありませんが、規模の問題のみならず、高度な専門知識を必要とする現代行政によっても、当然とみなされています。原子力発電の安全基準について、一般市民は適切な判断を下せません。

●双方にある危険

しかし、他方でこのエリート重視型は万全ではありません。何よりも、エリートであっても間違えることとは、今回の原発事故によって世界中に知られてしまいましたし、専門知識があることが即優秀であることの証左とはなりえないことは、気の利いた小学生にでもわかるようになってしまいました。馬鹿な専門人が、人間にとって重要な想像力を持ち合わせず、自分の重い責任をまったく認識できていないことも、今や放射性物質とともに白日の下にさらされてしまっています。しかも彼らは失敗や誤りをきちんと認めないという、困った習性を持っているため、失敗の経験が次世代に伝わらない恐れすらあります。またそうしたエリート同士の横並びの関係での相互チェックが行われることはほとんどなく、逆に誤りや失敗を隠蔽し合ってきたことも明らかになりつつあります。エリート重視型にはこのような問題が含まれているのです。「みんな」が優秀で立派な人たちだと思っていたところ、じつは「勉強が上手で要領だけがいい卑怯者ばかり」だったなら、民主政治の司令塔をエリートばかりにまかせるわけにはいかないでしょう。

逆に参加重視型ではどうでしょうか。参加重視型では、いい意味での清新なアマチュアリズムによって、飛び切り有能とは言えないにせよ、多様な人々の知恵と力を結集させることで、トータルにいい政治や政策ができるのかもしれません。しかも一部の既得権益者の狭い利益ばかりが優先されることもなく、この世の普通に生きる人々の気持ちに沿った決めごとができるかもしれません。まさに「みんなで合意」を地で行く政治運営となるはずです。

でも、このアマチュアリズムがあまりきちんと機能しない「残念な人の集まり」とならない保証はどこにあるのでしょうか。貧しさゆえに自分の物質的利益を公共利益よりも優先させてしまうような、人間としての弱さにブレーキをかける理性すら身についていない大量の人々が、明らかに誤った判断をしてしまうことだってありえます。

自分たちの役場の人件費や事業費を自分たちだけの税収でまかなうことができず、ほとんどが総務省の配る地方交付税交付金に頼らざるをえない、福島の自治体は、原発を誘致することで年間にドカンと十数億円規模の補助金を得ていました。プルサーマル燃料は、最終処理に何万年もかかる非常に厄介なもので、そんなものを使う発電所が未来に暗い影を投げかけることは、落ち着いて考えればわかったことかもしれませんが、多くの人々は電力会社の嘘の説明を信じてしまいましたし、これに反対した当時の知事を助けることができませんでした。こうした決定の責任のほとんどは、町や村のリーダーたちにありますが、住民が別の専門家を呼んで、徹底的に反対していたら別の展開もあったかもしれません（それを今になって要求し批判するのはあまりに酷かもしれませんが）。

もう少し日常に引きつけて考えてみても、参加型には危うさがまだあります。全員参加をしても、各人が全体図を考えずに、個別の考えを一斉に言い合うだけでは、コミュニティ全体の方向づけは決まりません。また、それこそあっさり言ってしまうと、質の低い能力が凡百と集まっても、総和としての有能を確保することができる保証はありません。それこそ多数による横暴専制の話です。みんなの質をどうするかという問題は、民主政治をよしとするならば、どこまでもついてくる切ない問題なのです。

●国籍では解決不能な「みんなの範囲」

決めごとによって、人生や生活が左右される以上、それに対しては一言申す資格があるといっても、この範囲を無限に拡大していけるはずはありません。「地球市民」というのは、ひとつの文学的イメージを表現した言葉であって、実効性のある現実の統治システム構造のためにはあまり役に立ちません。とはいえ、現行の「国単位」や「国籍単位」では、もはや必ずしも実態にそぐわない問題も生じます。先に示した放射能汚染と外国人の関係ももちろん深刻ですが、身近な例でいうと在日外国人の立場がこの問題を端的に表現しています。

在日韓国・朝鮮人のみならず、日本には（震災でかなりの人が帰国したとはいえ）大変な数の外国人が生活しています。無論彼らは外国籍ですから、自分たちの暮らす地域コミュニティの下す諸決定には、法的にコミットできません（参政権など）。しかし、彼らは必死で稼いだ金から一定額の税を負担しており、その意味では実質的に地域コミュニティを支える重要メンバーです。そうなると、地域での生活にかかわる決定に彼らが影響を受けることが不可避であるのだから、彼らはその決めごとに一言もの申すことができるというのが、政治学の理屈です（法学的見解は異なります）。なぜならば、自分の負担した金で地域が運営されているからです。誰も自分に何の相談もなく税金を決められたくありませんし、国籍がないという理由で、保育園に子供を預けることができないと言われたくはありません。つまり国籍という一般ルールとは別に、現実を生きる者としての実存的権利があると考えれば、「みんなの範囲」の問題は国籍条項だけで線引きできるほどシンプルな問題ではないのです。[*2]

●苦しくても丁寧に考え続けるしかない

このように考えれば、民主制とは何ぞやという問題は、まだまだ全然決着がついていない、甲乙つけ難い、白黒つけられない、ゼロか一〇〇かではない、ある種「その場の必然を生きる人間の暮らしと気持ちの稜線」に沿って対応せざるをえない、**具体的な知恵**に依拠せざるをえない問題です。学問的には、これをどう議論するかというスキームについていろいろと考える余地はまだまだありますが、少なくとも民主制を民主「主義」のような曖昧な場所に放置しないで考え続けるためにも、そして「ファシズムは民主主義が生んだのだから、民主主義は危険だ」などという、噴飯ものの大雑把な扇動言説など歯牙にもかけない態度を維持するためにも、切なくても静かに丁寧に考え続ける必要があるのです。

＊1――昨今出てきた「みんなの党」は、「みんな」というよりむしろ、経済に政府があまり介入せず、公務員を削減することで市場の活力を取り戻そうとする、比較的暮らしぶりのいい人たちに好印象を持たれる政党です。

＊2――この議論に過剰に反応される方がいるのであらかじめ断っておきますが、言っていることは「こういう論理がありうる」ということであって、実際の政治的判断をどう下すかは別の話です。

資本主義は今や切ない

質問……震災のせいもあるけど、景気も最悪で、政府は何もしないし、かといって「子供手当」なんてもう昔のソ連と同じことやっちゃったし、政府は経済ちゃんとやってくれてないと思いません？　しっかりしてほしいです。

回答……資本主義をなにか誤解していませんか。もともと景気の冷え込みの直接の責任は政府にはないと考えるのが資本主義システムです。でも、これだけ複雑な世界経済となると、もう個別政策ごとに丁寧に考えねばなりません。しかも、原発事故によって、資本主義を考える前提も変わりつつあります。

●金儲けの良し悪しは政府の責任ではない

政治についての街頭インタビューがテレビに流れると、きまって「とにかく景気を何とかしてもらいたいねえ」という街の人々の姿が映し出されます。憲法改正の問題でもなく、リビア民主化の今後の見通し、一票の格差問題でもなく、ひたすら「景気を何とかしてもらいたい」、「何といってもまずは景気」です。こうした光景や言葉はもう何十年も変わらず目や耳にします。ほかに世界を考える基準はないんかいっ！

これはふと考えると奇妙な話です。なぜなら、そもそもこの世知辛い世の中からどれだけのお銭《ぜぜ》を引っ張ってくるのかという大問題は、資本主義の世界ならばひとえに商売をする本人の責任なのであって、断じて政府の責任ではないからです。もしすべての経済活動に政府が全面的な責任を負うということになれば、これは社会主義経済です。あらゆる経済部門において、国家による計画がなされ、生産・開発・販売・流通などすべてのプロセスに国家が介入し、得られた生産や利益の回収の仕方、新たな投資や資本の蓄積などもすべて国家が管理するという経済です。こうなれば、もう景気が悪くなったり経済が破たんしたりする責任はひとえに国家にあるのであって、有権者は胸を張って「とにかく、この景気を何とかしてほしいですよ」と言えばいいのです。どうして、自分の財布の中身の多少について、平気でお国にお願いをするような言い方がこれほどまでに一般化し、浸透しているのでしょうか。

じつは、国が私的な経済活動に介入することへの評価は、その国が置かれている現状やたどってきた歴史ごとにさまざまで、「資本主義なんだから」と言われようと、その有様はじつに多様なのです。

●きっかけとしてのアメリカ大恐慌

歴史的には、国家が社会に対して最低限のことしかしないという考え方を「レッセ・フェール（自由放任）」と呼んできました。価格や供給の落ち着きどころ、それによる社会全体への富の配分のされ方は、国家が介入して決めるのではなく、市場が塩梅して適切な配分と価格設定がなされるという考え方です。経済学者アダム・スミスの有名な表現ですと、適切な価格決定は「神の見えない手」次第です。最後は神様のさじ加減にまかせておけば、市場で勝利する者たちはますます豊かになり、敗れた者たちは再び捲土重来を待ち、そういう無限のプロセスを経ていく中で、結局は国民が全体として豊かになっていくという、夢のようなシナリオです。だからガンガン競争が起こって、活発に自由に力ある者は好きなように商売をすればいいのです。政府の介入などまったく必要ありません。政府のやるべきことは「納期に遅れたら代金の三〇％分を上乗せして支払わねばならない」という法律をつくって、これに違反した不届き者を牢屋に入れることだけです。

しかしこれでやっていけると思われたのは、生産の規模や貨幣の量や、そこでの勝ち負けに影響を受ける人の数や影響の大きさが、みな小規模である牧歌的な時代だけでした。二〇世紀に入ると経済規模の基本条件が一変してしまったからです。爆発的な生産、加速度を増して発達するテクノロジー、国家の予算の何倍もの巨額のお金が流れるような市場の拡大、夥しい人口増加など、アダム・スミスの時代には想像もできないほど世界経済環境は変化し、市場での出来事は、たくさんの人々の生活や人生をすっぽりと呑みこんでしまうほどになりました。一九二〇年代末、第一次世界大戦後疲弊した英国を尻目に世界経済のリーダーに躍り出たアメリカで大恐慌が起こりました。この経済破綻は、今日でいえば巨大バブルの崩壊だったのですが、この恐慌でアメリカでは一五〇〇万人以上もの人々が失業し、人生や生活が破たんし、多くの人々が自殺し、大きな社会不安が生じてしまいました。

アメリカでは独立以前に、つまり国家が成立するよりもまえに社会が国家の手助けなどなく自立的に商売を発展させて独自のルールと文化を築き上げていました。ですから経済に国家が介入するようなことがあれば、すぐに「旧体制のヨーロッパが生んだ社会主義的政策だ」と反応をもたらすような、「原則経済には政府は介入しない」という強い規範と制度がありました。ところが、そんなアメリカですら、この破滅的な事態をとても放置するわけにいかず、介入主義的な政策が矢継ぎ早に導入されました。いわゆる「ニューディール政策」です。この政策は一九四〇年代に世界大戦によって産業が復興し、非常事態を脱して政府がノーマルな状態に戻るまで、紆余曲折を経つつもさまざまに展開されました。[*1] そしてアメリカの経験は「現代は巨大な経済をすべて放置してはもはや社会を維持することはできない」という確信を世界に与えました。とりあえず、このことは今や世界の政治指導者たちの基本認識です。

●お国主導の経済発展

明治開国以来戦後の高度成長まで、一〇〇年くらい日本の景気対策は政府が先頭に立って、自ら旗を振って行われてきました。近代的な国家と社会を建設整備するのに、自由な中間層がまったく育っていなかった日本では、そのための社会資源を新政府が上から与え、誘導し、動員し、育成しなければならなかったからです。[*2]とにかくお国が社会（民間）を育てるのがそれ以後の日本の発展の基本図式です。そして一九四五年に一五年続いた戦争に敗北します。人的、社会的資源を失い、国土も焦土と化して、戦争の負の遺産はとてつもなく大きいものでしたから、復興のために限られた経済力と人力を効率よく、その時代の要請と未来を見据えながら集中的に活用するための国家の司令塔的役割が不可欠でした。だから戦争中にとられた国家総動員体制の蓄積されたノウハウと、冷戦下のアメリカの戦略的方針と効率的占領政策の要請というふたつの事情によって、ほぼ完全な形で解体を免れた官僚機構が国家主導のやり方を維持する決定的な役割を果たし、その後の高度経済成長が達成されたのです。年に一〇%を超えるような尋常ならぬ経済成長が、おおよそ一九七〇年代半ばの二度の石油ショックまで続きました。[*3]

高度成長以後、一九八〇年代には戦後の復興型社会資本整備は一応見通しがつきましたが、社会資本整備とはある時期にきたら終わりという類のものではありません。整備の中には、補修維持をするということも含まれますから、政府の役割が終わるなどということはありません。しかし、国民がある時代の平均的水準において、そこそこのレベルでの暮らしを維持できる、当座はとんどの人が翌日の食事の心配をしない程度にまで、日本の社会は豊さの底上げがなされました。そして二一世紀転換以後はこれまでとは異なり、バブル崩壊を経て、官僚がさまざまな規制を通じて市場や民間を育成、擁護するという「護送船団方式」が見直されました。その結果、国家の介入はグローバル化する世界において日本を衰退させるという「新自由主義」[*4]的考えが強まり、小泉内閣以降は規制緩和路線が主流となりました。

ところが優勝劣敗の競争原理が重視される、こうした規制緩和路線によって、日本の経済は非常にバランスの悪いことになってしまいました。それは、新たな社会的格差、若年層の低賃金、非正規雇用化、地方経済の衰退です。規制緩和は、大資本のビジネスチャンスを広げ、同時に外国資本による日本経済への参入を促しましたから、旧態依然の中小・個人商店を基盤とする地方経済は、ひとたまりもなく衰退していきました。県庁所在地にかつてあった目抜き商店街は、今日、いわゆる「シャッター商店街」と言われるようになっています。

こうした勝ち組だけがいい思いをする、企業は内部留保を溜めこんで株主を喜ばすものの、働く者がどんどん生活水準を落としていくような現実が少しずつ明らかになりつつあった二〇〇九年の夏に、自民党は下野し政権交代が起こりました。民主党政権は「国民の生活が第一」という掛け声とともに、小泉路線とは異なる「官僚統治を打破して、民間の自律を助けるための適切介入」という理念を当初は掲げ、一五〇年かけて構築された古い官治構造を変えようとしました。しかし、これは時間をかけてつくり上げてきた、皮肉な言い方をすれば、アートのようによくできたものでしたから（官僚にとって）、大変な反動が起こり、現在は改革が骨抜きにされつつあります。

振り返れば、日本においては永きにわたり国家が社会を指導し育成し擁護し管理してきました。高度成長、石油ショック、バブル崩壊を経て、世界のグローバル化の中で、この太い流れを変えようとする方向も強まったのですが、振り子が振れるように、「国家介入」と「市場中心」の両方向に少しずつ揺れながら今日に至ったというのが、大まかな流れです。グローバリズムという名のアメリカの世界経済戦略は、TPPをはじめとする、さまざまなやり方で日本への圧力を強めていますし、当の日本政府は財政破たんギリギリの経済基礎体力ですから、もはや簡単には政府の役割を維持拡大できないところにきていました。社会的格差は広がり、国民は経済的利益をめぐって分断されつつあり、企業は富を蓄積するが国民は貧しくなる。こんな様相を呈していたのです。

そして、そんな最中、これまでの前提を吹っ飛ばしてしまうような事態となりました。東日本震災と原発事故です。

●資本主義？ もはや二の次か

震災前まで、人々は一五〇年の官治の歴史に寄りかかって、政府の仕事は景気を回復させることだと相も変わらず思っていたかもしれません。景気が悪くなったのも、そこから回復させるのも政治家の責任だと思っていたからです。「去年まではそこそこお客さんも来てくれはって、何とかなったけど、もう最近はどうにもならん。これやったら年金もらう歳になったあとも働き続けんといかんやろうし、貯金も底つくわ。世の中変えますいうから、長いこと自民党入れてたのを変えて民主党にしたのに、こんなんやったらもう選挙なんか行ってもしゃーないんとちゃいますぅ？」と大阪の黒門市場で働くオバちゃんは、前掛けのポッケから「飴ちゃん」を取り出しつつこう言っていたのです。

しかし、いま明らかになっているのは、あの震災と津波で東日本の巨額の富が消滅したことと、再度生産活動をするための社会資本もインフラも相当失われてしまったということです。生産手段としての土地や工場は瓦礫の山の中に埋もれていますし、物流のための港湾施設、道路なども完全復旧にはまだまだ時間がかかります。これに加えて、原発事故は直接の人的物理的ダメージこそ現段階ではあまり正確に理解されていませんが、放射能汚染の持つ潜在的脅威は、金とマンパワーさえつぎ込めば回復できるような類のダメージとは本質的に異なり、復興や発展の希望そのものを奪いかねない存在です。コントロールに失敗し収束が困難となり、数十年単位の被ばく予測がなされるようになれば、もはや中期的にも、長期的にも経済復興の計画は立たなくなります。その結果、対処療法的に限られた財をつぎ込み、原発廃炉に必要な膨大な経費と経済負担に直面して、超高齢化社会へ突入しつつある日本社会がギブアップする可能性すらあります。まさに未曾有の事態です。

こうした事態が私たちに指示していることとは、もはや**「適切な国家介入か市場の活力優先か」という二項対立的問いそのものが意味をなさなくなる**ということです。復興の財源をどこに求めるかという議論が今後もつねにつきまとうことは確実です。震災以前も、新たな貧困とでもいうべき、雇用されているのに窮乏化するワーキングプア、依然として増え続ける非正規被雇用者、年金システムの実質的崩壊など、経済的社会的不安をもたらす深刻な問題がたくさんありました。それだってこれに対応すべき政府はもはや財政負担に耐えられない可能性もありましたし、そうなれば大量の社会的弱者の生活と人生が破たんする事態を放置する可能性もありました。政府を破たんさせないためには、財政均衡主義を法律で明文化して、まずは国債の暴落を阻止するという荒療治も議論されましたし、逆に巨額の財政出動によって冷えた景気の購買力を高めて、経済V字回復の起爆剤にするべきだという介入主義的ビジョンもありました。

でも今日、もはやそんなことを言っている場合ではない事態です。震災のダメージを受けた東日本には生活そのもの、そこからの短期的な回復が絶望的な状況になっている人々が大量に存在し、まさに生存の危機が生じています。また、何万年といわれる半減期の放射性廃棄物の、気が遠くなるほど長期にわたる、かつ膨大な費用をかけての処理、広範囲にわたる除染措置、人類がいまだ経験したことのない「長期低線積量被ばく」対策など、「これは民間ベースで」、「いや電力会社を潰しては元も子もない」などとやっている次元をとっくに超えている事態がすでに約束されています。そんな事態にあって、もはや「資本主義的富の配分」なんてどうでもいい問題となりつつあります。

●優先順位の組み直しと新しい前提

原発事故対策のためには、一度緊急国家危機宣言をして、すべての生産と財の配分を超法規的権限が与えられた政府に一任すべしとまでは言いませんが、私たちはこれまでの物事の順番を大きく逆にしなければならないようです。「経済発展のためには、少資源国の日本は原子力による自前のエネルギー確保を至上命題とする」というお題目によって、これまでの原子力行政はすべて推進され、擁護され、逆にそれを批判するものを封殺してきました。しかし、チェルノブイリの事故ですら六日あまりで封じ込めた原発事故はいまだに（二〇一一年九月現在）収束のめどが立っていません。そして、こうした事態になってようやく立ち現れてきた「脱・卒原発」の流れに依拠した事後処理に、どれだけのコストがかかるかも正確に理解されていませんが、少なくとも「経済成長のために原発が必要」ではなく、**「国家国民の消滅を回避するための原発の終息処理のために、健全な経済を発展させなければならない」というふうに、ベクトルが完全に逆にならざるをえないのが、資本主義をめぐる今日の事態です。**

何を大げさなと訝る方もいるかもしれませんが、事故現場にあふれかえる大量の汚染水の処理を安価に済ませる技術もその開発の見通しも現在の日本にはありませんから、そうした技術を持った国に「言い値」でお願いするしかないとなれば、あっという間に政令指定都市の年間予算規模の財源が必要です。いったい誰がそれを負担するのか。このような事態を招いた電力会社のありとあらゆる劣化した体質や、その後の国益を理解することなく相変わらず「社益」を志向する、あきれ果てるばかりの無責任な有様に誰もが抑えがたい憤りを感じてはいるものの、電力会社を丸裸にしたところでこうした費用を用立てることが困難を極めることは明らかです。結局のところ、どのような形態やシステムを採用するかは多様でしょうが、私たち日本の社会が国際社会と協力し合いながら、全体として負担していく以外に方法はないかもしれません。

静かに、丁寧にこの問題を語るべきであるなら、新しい前提でこれをなす必要があるのかもしれません。すなわち私たちは産業革命以後の一九世紀から二〇世紀に至って存在した図式「資本対労働」のみならず、二一世紀において加わった「グローバリズムと高度情報社会における資本主義」という問題に、もうひとつ文明史的な条件と制約をつけ加えた資本主義、すなわち「超長期的放射能汚染処理下における資本主義」という、ついに現実化してしまった問題設定の下で、富や財の分配と生産の問題を考えなければならないのかもしれません。まさに静かな語りがこれから試されるということです。

＊1――銀行業務の政府による管理、産業復興を専門に活動する行政機関（産業復興局）の新設、大量の失業者に仕事を与える公共事業（巨大ダム工事）の導入などです。

＊2――しかも、社会資本を整備するということは時間もお金もかかる本当に大変な事業で、二〇世紀に入ってからもアジアの貧乏国家がひととおりのことを完成させるには、まったくもって不十分な水準でしたから、国家が上から社会を育てるという基本の方向性は不変なものでした。

＊3――敗戦後に都市住民が飢餓の境界線を彷徨っていたとき、政府は食糧管理制度（いわゆる食管制）を通じて主食である米を農民から一括して買いとって、政府が量・質・価格を管理していました。こうした国の管理は、海外との価格品質競争に太刀打ちできなかった他の品目（牛肉・オレンジ・繊維など）においてもなされ、国家自ら諸外国の自由化要求の防御壁となりました。右上がりの経済とそこからもたらされる比較的豊かな国家財政によって、こうしたことは可能となりました。旧通商産業省（現経産省）は、自ら国内産業を保護するために、税制・関税その他あらゆる手段を講じて活躍し、そこに垣間見られたのは官僚がリーダーとなって国家と社会がいっしょになっている、さながら「ニッポン株式会社」だと、諸外国から非難・揶揄されたりもしました。国家は「親方日の丸」です。

＊4――謎の言葉です。ヒントは本書「そもそもリベラルがわからない」（一〇五ページ）の章を参照。

戦争で亡くなった人の哀悼は切ない

質問……靖國神社は国のために犠牲になった人を祀ってあるんだから、それに国民を代表して総理大臣が参拝して何が悪いわけ？ 死んだ人を想ってるだけでしょ？

回答……自分を犠牲にして他者のために命を懸けた人に頭を下げるのは当然ですが、切ないのは祀られる人が選別されていることです。犠牲になったのは兵隊だけではありません。空襲などで亡くなった人は放置されています。それに靖國神社は、一宗教法人に過ぎませんから、特定の宗教団体の祀り事に政府の代表がコミットするのは公平でありません。また、A級戦犯を合祀してしまうと一九五一年の講和条約で世界に対してした約束と矛盾してしまいます。本当に切ない問題です。

●大雑把な小泉発言

毎年夏が来ますと、閣僚や政治家の靖國神社参拝の是非が問題とされます。閣僚級の政治家が

「政治家○○として参拝する」と明言しそれが公にされると、間髪をいれずに中国や韓国から抗議がなされ、「日本は歴史を歪め、忘却し、アジアの戦争犠牲者を冒涜している」と、お決まりの声明が出されます。不謹慎の謗りを覚悟で言いますと、今や夏の風物詩のようです。

靖國参拝をめぐる対立は一切あってはならないなどとは言えません。少なくなったとはいえ、あの戦争で戦い傷つき、労苦を経てきた諸先輩がまだ御存命ですから、自分の代わりに死んだ戦友や部下の霊を慰めるために、九段下の駅を降りる人の持つ真剣さをないがしろにはできません。そして部下には死を命じながら、自分たちは一切の責任をとらなかった上官や将校が祀られている宗教施設には人間としてどうしても行くことができないと、考え続けている元兵士の方々の気持ちが強く残っている以上、この参拝の問題の対立は容易なことではなくなるはずもありません。

戦後六〇年以上が経っても、こうした対立は解消されません。多くの人々がともに死者に手を合わせる日が来ることを願いますが、切ない対立が続きます。そして今日問題解決の障害となっているもののひとつは、じつは数年前に小泉元首相が言い放った、あの大雑把な発言です。「首相として」靖國神社に参拝したことを批判された小泉氏は、**「戦争で亡くなった人々を追悼して何が悪いのか」**と怒気を持って開き直りました。これは、参拝の賛否以前に、じつに驚くべき発言でした。なぜならば、一国の総理大臣が、これまでとりわけ一九七八年のいわゆる「A級戦犯合祀」以降、積み上げられてきたこの問題に関する議論を、文字どおり「台無し」にしてしまったからです。読者の中には、戦争で亡くなった人を悼むことに反対する人などいるはずもないでしょう。人の死を悼むということは、そもそも賛否などという類の話ではありません。[*1] それだけに参拝問題をきちんと考えるときには、決して一般道徳の話ではないのに、一般道徳の話へとすり変えている、この大雑把な物言いは本当に困ったものなのです。これは、話を単純にすることで、問題の最も重要な点をわからなくさせてしまった典型的な例です。いったい何が問題なのでしょうか。

●戦争で亡くなったのは兵士だけではない

小泉氏の大雑把な言葉で吹っ飛んでしまったのは、あの戦争で亡くなった人々が国の兵士だけではなかったことです。靖國神社が英霊として合祀しているのは、一部を除けば国家の正式な兵隊として戦死した人だけです。これは明治初頭に大村益次郎が東京招魂社（靖國神社の旧名）をつくったとき以来変わらない原則です。

あの戦争で亡くなられたのは、約三一〇万人（旧厚生省）と言われています。この中の軍人・軍属は約二六〇万人で、残りの五〇万人は地上戦に巻き込まれた沖縄の民間人と空襲によって命を落とした人々です。つまりあの戦争で亡くなった日本人の約二割は、国際法上「非戦闘員」として保護されるべき立場の人々だったのです。

私の先祖所縁《ゆかり》の東京の下町は、一九四五年三月一〇日未明の、いわゆる東京大空襲で全滅してしまいました。B-29の大編隊を防空本部はいち早くとらえていたにもかかわらず、入眠直後の御聖上（天皇のこと）を起こしてはと、警報を出すのが三〇分遅れたために、警報が鳴ったときにはすでに下町は焼夷弾で火の海でした。[*2] 米軍は超低空飛行で大量にまず円を描くように爆弾を撒き、逃げ場がなくなったところに、今度は十字を描くようにまた何万トンも撒きました。男が兵隊に行って老人と女と子供と病人ばかりの街を完全に燃やし切ってしまおうという惨い作戦でした。わずか二時間余りの間に一一万人が焼け死にました。[*3] このような本土空襲は、東京のみならず名古屋、横浜、大阪、神戸、福岡と広がり、終戦の八月までに、日本のほとんどの地方都市が攻撃され、多くの非戦闘員が殺されました。そしてそうした無差別爆撃の決定的なものこそが広島と長崎に投下された原子爆弾です。

この人たちの死は、制度上は「戦死」とはみなされません。「不慮の死」です。言葉どおりの意味で言えば「思いがけなくも亡くなったこと」です。しかし、全国民を動員しての戦争で、じり貧になってもエリートは戦争を止めず、その挙句に焼夷弾で焼き殺されたのに、何が「思いがけない死」でしょうか。言葉の綾《あや》ですむ話ではありません。

●「名誉の戦死」と「難死」

過日亡くなった評論家の小田実《おだまこと》は、兵隊の死は国家によって何らかの（たぶん切なく虚しい）大義を与えられる「名づけられた死」だが、空襲で死んだ市民の死は、意義や大義を与えてもらえない死だと言い、こうした死を「難死」と名づけました。[*4] エリートがはじめた、巨大な政治的失敗としての戦争で亡くなりながら、兵士たちには名誉と顕彰が与えられますが、市民たちには何もありません。

玉音放送の前日、八月一四日に大阪で空襲がありました。現在、大阪城公園となっている広大な敷地には、かつて東洋一とうたわれた砲兵工廠があり、軍の主要兵器はほぼここでつくられましたから、格好の標的となり、七〇〇トンの爆弾が投下され、この日だけで二〇〇人もの市民が亡くなりました。一四日というのは、もはやポツダム宣言を受諾することが決定していた二日後です。[*5] この一四日の空襲の中を逃げ惑いながら、死屍累々たる大阪の街を彷徨い黒焦げとなった死体を思い返し、小田は問いかけます。もはや戦争終結が決定していたあの日に、大阪で殺された人々の死とはいったい何だったのか。彼らの死にいったいどれだけの意味があったのか。兵士として死んだ人々もかわいそうだが、それでも彼らの死は「名誉の戦死」です。靖國神社では英霊として祀ってもらえるのです。しかし、大阪で死んだ人の死は何の死なのか。

私は空襲で亡くなった人々も靖國に合祀すべきだ、不公平だと言いたいのではありません。靖國神社は、ひとつの私的な宗教法人ですから、[*6] 彼らはひとつの宗教的信条を持って教義を立て、それに基づいて、いわば「勝手に」兵士の身分、あるいは国家によって軍人軍属とみなされた人々「のみ」を祀っているにすぎません。それは靖國神社の宗教行為ですから、それに対しては誰も批判できませんし、そういう筋合いのものでもありません。キリスト者に「十字架を使うのはいかがなものか」と批判することはナンセンスです。信教の自由は保護せねばなりません。国家が圧力などかけたら宗教弾圧となります。ですから政治家が「私人として」靖國神社に参拝するなら、それは私人の宗教行為ですから、「英霊は近代以降の国家が行った戦争で公式に兵士だった戦死者に限る」という靖國神社の教義であって、たとえそれが世界中の人々すべてに受け入れられなくても、信者がそうだと信じればそれでいいというものです。

だから名誉の戦死とされた人々も難死とされた人々も、そのいずれの死者の声を聞き、その声から未来の平和に結びつくようなメッセージを受けとめるべき、私たちの社会の代表である政治家は、私たち市民の代表という名目で、私的宗教法人の儀式にコミットするべきではないと考えるのが普通の理屈です。言い換えますと、靖國神社側は「空襲で亡くなった人々を合祀しないのは、私どもの宗教的な信念に基づくものなのです。どうかご理解ください」とだけ言っておればよいのであって、小泉氏は「戦争で死んだ人々」などと大雑把な言い方をやめて、「兵士として戦死なさった二六〇万人を英霊として悼むつもりです。空襲で亡くなった五〇万人の方々はこの中には含まれていません。申し訳ありませんが、これは靖國神社の宗教的な信条に私が賛同したことですので、つまり私人小泉純一郎の立場です」と言って、八月一五日以外に、こっそりと、ひっそりと、参拝すればぎりぎりの筋はとおります。[*7]

戦争で亡くなった人々を悼んで悪いことは何もありません。しかし、**亡くなった人を区別して、祀るべき人と祀らない人を分けている、独特の考えに基づく宗教法人の宗教行為を「総理大臣として」行うのは、非常にわかりやすい「公私混同」だと言っているのです。**戦場で友人の死を経験した元兵士は、同じ釜の飯を食い苦労をともにした戦友が靖國にいるのだと信じているのですから、そう信じる人は八月にまた九段にやって来るでしょう。小泉氏もそう信じているなら参拝すればよいのです。ただし「ひとりのある信仰を持った人間として」です[*8]。

靖國神社の基準は、本当に独自のものです。戦死した父はキリスト教徒であったから、勝手に祀り上げるのはやめてほしいとお願いしている遺族に対して、「こちらの都合で合祀させていただいているので、そのような御要望にはお応えできかねます」と、あくまでも宗教的信念を貫いているからです。宗教団体としては天晴れです。非信者が何を言おうと、鋼《はがね》のような意志で自らの信ずるところを貫こうとしているからです。それならばますます、民主社会のリーダーは、こうした信仰とは距離をとって、公の場においてはコミットするべきではないのです。**靖國神社も言うべきなのです。「総理大臣が公人として来られると、信教の自由が揺らぎますので、別の日に私人として来てください」**と。それが筋というものです。

●「追悼」と「顕彰」の持つ重要な違い

大雑把な言葉によってもたらされるもうひとつの問題は、「追悼する」、「悼む」、「御苦労御苦難に感謝を捧げる」という言葉を使うことで、使う本人は「人として」といった一般道徳レベルに吸収されてしまうのに、当の**靖國神社は「祀る」と同時に、その死も悼みつつ祀られた元兵士、軍人を「顕彰」していることが忘れられてしまう**ことです。「祈る」だけではありません。靖國神社は英霊の功績を世界に知らせ表彰しようと言っています。死を賭して戦い、仲間を助け、部下を励まし、少しでも敵の日本本土への上陸を先延ばしにしようと、絶望の中で立派に戦った結果として、烈々たる玉砕となったのだから、そういう人々を顕彰して、その偉業を称えることの何が悪いのかと、思われるかもしれません。私もまったくもって同感です。**ただし、それは「兵士」に関しての話です。**

アメリカの本格的反撃がはじまったのは、早くも一九四二年八月のガダルカナル島（以下、「ガ島」）の戦いからで、日本軍はアメリカに奪われた飛行場を再奪取しようと、何次にもわたる攻撃を繰り返しました。戦いの準備はまったく不十分でした。[*9] 最初の攻撃に投入された第七師団の一木《いちき》支隊は二〇〇〇人でしたが、日本側は何ら合理的根拠もなく、アメリカ守備隊は二〇〇〇と予測を立てました。[*10] 実際には守備隊は二万人で、ジャングルに隠しマイクまで取りつけ、圧倒的な火力を準備して待ち構えていました。アメリカ兵は最後まで戦い抜くことをせず、ちょっと戦闘して形勢不利と見れば即退却するか降伏するものと、日本の司令官は高をくくっていましたから、作戦は銃剣をつけての一斉突撃で、糧秣も二週間分しかなく、一木支隊はあっという間に全滅しました。

こうした愚劣な作戦は、まったく何の学習をすることもなく繰り返され、その後二度投入された師団もまた大敗を喫します。貧弱な火力と弾薬、乏しい食糧、兵站を無視した作戦計画、幾度となく繰り返される「自殺攻撃」と玉砕。東部ニューギニア、ジャワ、フィリピン、マリアナ諸島、そしてインド・インパールと、すべて同じパターンで日本軍は敗北していきます。

強い憤りを禁じえないのが、敵を知らず己を知らず、いたずらに兵員を消耗させるだけの愚劣な作戦が、各々の敗北から何も学ぶことなく繰り返され、かつ**これらの作戦を計画し命令した軍のエリートが一切何の責任も取らなかったことです。**[*11] いわゆる「一億総懺悔」と言われる考えの何が問題かといいますと、それは**「各々が自分の胸に良心をもって問い返す」という道徳的戒めとはまったく別次元にある、天災ではなく「人災」としての政治や、その別表現である戦争における「責任の濃淡」という問題をなかったことにすること**です。はがき一枚で動員され戦地に送りだされた兵士と、人もうらやむ陸士海兵、陸海軍大学を出た飾緒[*12]麗しきエリートの間に、責任の濃淡がまったくないなどということは絶対にありえません。南方のジャングルで絶望的な戦いを強いられて亡くなった幾万もの兵士に対しては、その苦悩とともに、最後まで戦い抜いたという事実を受けとめ、このことにある種の敬意を持つことにはまったく異論はありません。しかし、避けることが十分可能であった過酷な運命を彼らに押しつけ、死ねと命ずる立場にあったエリートたちには、顕彰される以前に「やらねばならないこと」があるはずです。電力会社の社長は、「年金まで押さえられたら老後が不安です」などと言うまえに、福島第一原子力発電所の四号機で津波のために亡くなった二人の作業員のお墓の前で頭を垂れ、退職金を返上すべきです。そうした顕彰されるまえにすることがあるべき人々が、靖國神社が「勝手に」祀った軍人の中にはたくさん含まれているではないですか。それを代表し象徴するのが、いわゆる「A級戦犯」と言われる人たちです。

●A級戦犯合祀と講和条約の矛盾

A級戦犯とは、極東軍事裁判によって起訴され、有罪判決を受けた人です。[*13] 勝者が敗者を裁くことが正当であるのか、その手続きや裁判の在り方には大いに疑問がありますが、これは別の機会に議論するとして、最初に押さえておかねばならないのは、日本が連合国との間でオトシマエをつけた、**サンフランシスコ平和条約の第一一条には、「日本国は、極東国際軍事裁判並びに日本国内および国外の他の連合国戦争犯罪法廷の判決を受諾し、且つ、日本国で拘禁されている日本国民にこれらの法廷が課した刑を執行するものとする」という文言がある**ことです。つまり、日本の独立が認められる大枠の約束の中には、日本が「極東裁判の結果を受け入れること」が前提となっているということです。そしてオトシマエとは、七人の戦犯の絞首刑と一八人の禁錮刑でした。法律論としては到底納得できる判決ではありませんでしたが、彼らに詰め腹を切らせて、連合国やアジア諸国の怒りの矛を収めさせたのです。これは道理ではありません。国際政治です。

だから論理的には、A級戦犯とされて刑に服した人々の功績を称え顕彰してしまうと、それは世界中を相手に約束し、それと引き換えに取り戻した日本の独立を根拠づける、講和条約の取り決めに反してしまうことになります。戦場となり数千万人もの死者を出したアジア諸国は、戦犯たちに戦争の責任を取らせることで、巨額の賠償もあらかた取り下げ、日本の独立を認めたのに、こともあろうにそういう戦犯を祀り上げて褒め称えるとはどういう了見なのか。どうにもそれでは筋がとおらんということになってしまうのです。たとえば、多くの犠牲を出した中国では、日本の降伏直後日本の敗残兵や民間人に対する報復や復讐を果たそうとする空気が蔓延しつつありましたが、中国共産党指導者たちは呼びかけました。「日本兵や日本人に危害を加えてはならない。盗んだり、傷つけたり、強姦しては絶対ならない。我々八路軍は世界でいちばん紀律の高い軍隊である。日本人民は中国人民の敵ではない。日中両人民は、軍国主義者と帝国主義的資本家たちに利用された被害者であり、軍国資本主義者たちこそが日中人民共通の敵なのである。人民諸君！　敵を見誤るな！　日本人民は我々の敵ではなく友人である！」と。もちろん人間ですから一部ひどい報復も報告されてはいますが、そういう経緯で日本との戦後関係ははじまったとされていますし、そうすることで中国共産党（中国「人民」ではありません！）は、その栄光と権威を守ってこられたことは否定できません。

ところが一九七八年一〇月に靖國神社は、なんと処刑された七人を国家の犠牲者（！）である「昭和殉難者」として合祀してしまいました。そんなことをされると中国共産党は立場を失ってしまいます。親兄弟を日本軍に殺された人からすれば、「あんたたち共産党が『怒りを収めて辛抱しろ。軍国主義者と一般の兵隊とは違う。日本は軍国主義者の処刑を受け入れたのだから』って言うから、こっちは奥歯嚙みしめて我慢して納得することにしたんだ。話が違うじゃないか。何やってんだ、共産党は！」となります。栄光の共産党の権威も失墜です。だから、中国政府としては、論理的にも政治的にも日本の総理大臣が戦犯を勝手に顕彰している神社に公人として参拝することなど、絶対に容認できないことなのです。もしそんなことを容認してしまったら、これまで散々説いてきた革命の正統性にも共産党の指導力にもひびが入りますし、一三億の中国人民の社会統合にも影響を与えかねません。

誤解しないでください。「中国共産党の立場を考えてやれよ」などと馬鹿げたことを言っているのではありません。中国人民と中国共産党はまったく異なる立場だと考えなければいけません。一〇億人を超える国の統治という前人未到の大実験の最中にある中国共産党は、人民の政治統合の実権を死守するために靖國の問題をそのために利用してきます。ですから、A級戦犯合祀問題が六〇年前の講和条約で世界に約束したことと矛盾するなら、こちらの言い分が何であれ中国はひたすらそこを突いてきます。それが政治というものです。また捕虜問題に関してオーストラリアやオランダやイギリスやアメリカといった元連合国も、合祀を放置すると「約束を守らん野蛮な奴らだ」と国際世論にアピールするでしょう。中国が正しいかどうかという問題ではありません。そういう事情の下に中国共産党はものを言わざるをえないことになっている以上、ヤケッパチになった某知事のように「そんな国は核兵器で脅せ」などと主張しても、外交にはならないと言っているのです。中国には言いたいことが山ほどありますが、話は分けて考えねばなりません。

靖國神社への参拝問題には、こうした基本的な事情が含まれているのです。これをすべて吹っ飛ばして、「戦争で死んだ人を追悼することのどこが悪いというのか!」と開き直ることが、どれだけ強引かつ大雑把で、国益を失う行為なのかは、賢明なみなさんにはもうおわかりのはずです。大人として政治を理解し、しがらみや私的感情や思い込みを可能な限り排して、冷静にこの問題を考えるためには、最低限このような誤解を解いておかなければならないのです。そうでないと亡くなった三一〇万人が浮かばれません。「靖國参拝は軍国主義復活である！」という旧左翼の思考停止も、「靖國参拝に反対する奴らはみんな自虐サヨクだ！」という精神的脆弱さも、どちらも問題解決に役に立ちません。静かに、丁寧に、亡くなった人々に心を寄せて議論すべきです。そして、この程度の理屈すらわかろうとせず、「英霊の冒涜だ」などとわめき散らすなら、もうそれは救いようのない子供の振る舞いと言わねばなりますまい。この問題はこれほど甲乙つけ難く切ないからこそ、丁寧に言葉を使わねばならないのです。真の哀悼はそうした基礎の上にあります。

＊1――私の大叔父は、戦闘機のパイロットで、昭和二〇年の沖縄特攻に出発する準備の最中、鹿児島の飛行場で米軍の銃弾を浴びて亡くなりました。この大叔父のことを亡くなった祖母はあまり多く語りませんでした。そして彼の霊が九段にいるという実感も私にはありませんが、夏になると、戦後一七年も経ってから生まれてきた自分と一度も対面することなく死んでしまった身内の皇軍兵士に対し、私は静かに心の中で手を合わせます。自分以外の人々を想って、自らの命を懸けた人間に対する敬意というものを忘れたことはありません。「その意味では」、小泉発言はべつに間違った発言ではありません。

＊2――焼夷弾とは、ドロドロのコンニャクのようなガソリン油脂の入った、断面が六角形の棒とそれに火をつける発火弾が六〇個ほど組み合わせられた爆弾で、要するに紙と木でできた、東京で最も貧しく粗末な家が密集している下町に、上からガソリンを撒いて火をつけるというやり方です。下町のおやっさんの言葉で言えば「しでぇことしやがる」爆弾です。

＊3――とくにひどい被害を受けた本所・深川地区では、亡くなった人の多くが、高熱の中で「炭化」してしまい、性別も年齢も判別できない状態でした。この空襲で亡くなった人々のうち身元が判明した人々は下町全体でも半分もいませんでした。隅田川にかかる新大橋から「省線（山手線）の神田駅が見えた」と言われるくらい、何もかもが焼き尽くされたのです。

＊4――小田実『「難死」の思想』（岩波書店、二〇〇八年）。

＊5――日本政府は早くも一二日の段階で大筋降伏を受け入れていました。しかしその際、降伏によって国体は護持されるのかどうか（天皇制は維持されるのかどうか）、ポツダム宣言の文章にあった「連合国に〝subject to〟する」をどういう日本語表現に直すかなどという問題をめぐって議論は紛糾し、結局内閣は降伏受諾を正式決定できず、御聖断を仰ぐことになったため、一四日玉音放送の録音、翌一五日正午に放送というタイミングとなってしまいました（詳細は、半藤一利『日本のいちばん長い日』、文春文庫）。軍・統治エリートたちが、この期に及んで自らの体面を重んじて会議を踊らせている間に、戦争終結のアナウンスは遅れに遅れ、その間に多くの命が失われたのです。

＊6――戦前は国家神道施設でしたが、現在は違います。

＊7――内閣総理大臣という公人には「私人として」というダブル・スタンダードは通用しないという、かなり厳密な理屈も想定できます。

＊8――そうした信仰を確認する施設が「靖國神社」であろうと「カソリック教会」であっても、「東本願寺」でも、「第7サティアン」でも事情はまったく同じです。

＊9――南西の果てにあるガ島は陸軍の参謀たちもよくわかっていない島で、連れられて来た兵隊も、直前まで中国大陸で弱い中国兵と戦ってきた者たちでした。アメリカ兵に関しては「女の機嫌ばかりとっているような軟弱な奴らだから、恐れるに足らん」と、じつに不正確な知識しか与えられていませんでした。

＊10――本当に理解できないのですが、あの戦争の記録を調べるといつでもこういう事実が出てきます。

＊11――ガ島の戦いにおいて大本営作戦課長として指揮した服部卓四郎は二万人を死なせた責任をまったく取ることなく、戦後も生き延びました。昭和一九年六月、あの悪名高い無謀なインド・インパール作戦の司令官牟田口廉也は、一発の弾薬も一粒のコメも補給されなかった七万二〇〇〇人の兵隊を死なせて、お咎めなしでした。東部ニューギニアでは、兵站の途切れた飢餓地獄の中で、多くの兵士が追い詰められて、戦友に手をかけ人肉を食し、悲惨な最期を迎えました。この領域を担当した第二方面軍司令官阿南惟幾は、ポツダム宣言受諾の返電の直前に「一死以テ大罪ヲ謝シ奉ル」の遺書を残して自刃（切腹）したことで有名ですが、ニューギニアで数万の兵士を死なせた責任をとることなく、当初は昭和二〇年春に陸軍大臣になっています。

＊12――軍服の肩から吊るされる飾り紐のことです。「参謀」であることを意味しました。

＊13――よく誤解されているのですが、起訴され刑が確定した人と、「戦犯指名」を受けて逮捕された人々が両方とも大雑把に「A級戦犯」とされています。不起訴釈放となった、東条内閣商工大臣の岸信介（戦後の日米安保の改定時の総理大臣）は、ですからA級戦犯ではありません。

II そもそもわかっていない問題

そもそも政治責任がわからない

質問………民主党元代表は、「政治とカネ」の責任をとって議員辞職をするべきでしょ？

回答………政治における責任の話は、私たちの日常における責任一般の話とはまったく同じではありません。話を区別しなければなりません。つまり「政治責任」と「人としてなすべき責務」とは同じものではありません。

●元代表は辞職するべきなのか？

民主党の剛腕元代表が過日「検察審査会」の再議決を受けて強制起訴されました。法律で決まっていることですし、二〇〇四年の法改正で審査会の権限を強化したときには、当時、野党だった民主党も賛成しました。ところが検察審査会が、検察側の「不起訴判断」を覆して、「起訴すべき」という決定を出した理由は、「国民感情と常識からして当然だから」といった考えの域を出ない、法律論とはあまり関係がない情緒的なものでした。[*1] この議決を受けて、マスメディアはこぞって「世論づくり」に奔走し、「責任をとって議員辞職をすべきだ」という選択肢を世論ステージの中央付近に据えました。野党のリーダーたちも、各々ニュアンスの差はありますが「元代表は責任をとって辞めよ」との大合唱となりました。*2

ところで、あらためてこの政治家が責任を取って辞めなければならない理由は何なのでしょうか。これまでの彼の「政治とカネ」問題に関して報道されてきたことを念頭に、おおよその有権者の認識（とメディアが決めたもの）を拾ってみますと、**①起訴されたから②疑惑を持たれたから③世間を騒がせているから④十分な説明責任を果たしていないから**、の四つといったところでしょうか。

「起訴されたから」という理由は、政治家が職を辞する理由となるでしょうか。起訴されるということは、検察側が「裁判で争うに値する、有罪とする可能性がある事案である」と判断したという意味ですから、まだ被告人の罪が確定したわけでもなく、国民を代表して検察が「これから白黒つけましょう」と言ったにすぎません。しかも、実際にはもう検察は本人を何度も呼んで取り調べをして、その結果起訴しても有罪にできない可能性が高いという判断で二度も「不起訴」とした案件です。つまり、いまだ何もわかっていないのですから、起訴自体を理由に辞めよでは理屈が立ちません。

二番目の「疑惑を持たれた」についても、疑惑とは誰の持つ疑惑かもはっきりしませんし、そもそも「疑わしい」と言われたら、この世のすべての事実は基本的にはすべて疑わしいのですから、これも変な話です。政治判断は、法律判断とはまったく別物ですから、「疑わしきは被告人の利益に」という原則がすべてとはいえませんが、それにしてもやはり「疑わしい」で葬り去られてはこの世は暗黒です。

次の「世間を騒がせた」にしても、世間などという化け物は、騒が「された」などという幼気《いたいけ》なものではなく、「勝手に」騒ぐ手合いですから、何でも全部騒ぐというものです。そんなもので辞めるなど抱腹絶倒です。[*3]

最後は「十分な説明責任」ですが、これも考えるとじつに奇妙な話です。なぜならば、ここで言われているのは「責任を果たしていないことの責任を果たせ」ということであるからです。説明責任を取っていないから責任を取れ……不可解な話です。

このことから見えてくるのは、責任という言葉をめぐって混乱がひどくなっていることです。たとえば④で明らかなように、ここでは「責任」と「責務」の区別がなされていません。かつ「責任一般」の話と「政治における責任」の話も区別されていません。責任の話は多岐にわたります。「倫理」責任、「道徳」責任、「法的」責任、「結果」責任、「政治的」責任、「共同」責任、「連帯」責任、「管理」責任、etcです。また、「〜としての」と付加する形をとれば、もはや無限に続く責任のリストを作成することができます。[*4]しかし、ここで元代表が取るべき責任は、諸々ある責任の中でも、主として「政治責任」です。[*5]話を混乱させないためには、まずは政治家として何よりも問われる本筋の話をはっきりとさせるべきです。元代表に「親としての責任」や

「人としての責任」などを問うことは、ナンセンス以外の何ものでもありません。

あまりみなさんは意識したことはないでしょうが、じつは責任を取るというときには責任を「確定させる」という意味こそ重要であり、それは政治における人間に無限責任を背負わせることを回避するためにも必要なのです。このとき、「こういう状況なら○○をなすべきだ」という場合の、「果たすべきこと」という、より一般的な行為規範に依拠する、「責務」とは区別しなければなりません。ですから、言い方とすれば「政治家としてちゃんと説明する責務がある」となるべきで、これは責任というよりも「なすべきこと」の話です。ここらあたりを区別しないと、政治家という特別な職業倫理と特別な責任を取る人間の話ができなくなってしまうのです。

そして、もう一点としては、政治における責任の話は「政府をいかにコントロールするか」という課題とともに逆算して考えねばならないということです。私たちはそもそも、なぜ政治における責任という問題を考えねばならないかという大問題です。

●「人災」の確定としての責任

先の震災の直後に起こった津波から逃げようとする人たちが「これ、国が責任とれるんだべか?」と呟いているのを映像で知りました。地震や津波そのものは言うまでもなく天災なのであって、誰を恨むこともできません。しかし、その後に起こった原子力発電所の事故や、それによる放射能汚染を知らせなかったり、虚偽の情報を流したりしたとなれば、これは人災です。そして、もしこうした事態を招く原因が、電力会社から受けている献金やさまざまな饗応や便宜との引き換えで起きた不適切な関係にあることが確認されれば、これはもう震災の話ではありません。人災であり、犯罪です。

政治が関与する場では、政治的決定の結果として何らかの「災い」が生じます。そこには結果をもたらした支配的な影響力を持った人間が必ず介在します。それが「誰か」のせいである以上、その因果関係はある程度特定化、確定化させなければなりません。なぜならば、それを人災であることを確定させないと、人間が天災に対していつも取る忘却という態度が繰り返され、愚劣な失敗の原因や問題の本質も顧みられることなく、すべてはしょっぱい「思い出」にされてしまうからです。人災ならば、「仕方がない事態だった」とか、**「あのときは世界の大勢がそういうことになっていて、逆らえるような空気ではなかった」などという寝言**は、一切通用させてはならぬものです。[*6] 人災としての責任の確定作業を誤ると、その先に待っている、できる限りの原状復帰も損害を受けた人たちへの誠意ある補償もできなくなります。

●「理不尽」なるものとしての引責

しかし、いくら人災といっても、人間の現実を冷静に眺めれば（人災の種類や規模によりますが）、ある災いをもたらすような出来事の因果を特定の人間の行為や言動にすべて背負わせることなどできませんし、責任の重軽大小を含めて正確に測定することなど不可能です。あの戦争の政治責任は、陸軍7に対し海軍は3などという議論はナンセンスでしょう。また、部下のやった失敗を上司が管理責任として取る場合でも、事実関係をつぶさに見ていけば、ほとんどの場合は現場での失敗に照らして上司のしたことには落ち度がないばかりか、「愚かな部下を持ってお気の毒なことです」と声をかけてやりたくなることが多いものです。会社を思い、部下を思い、自分の出世よりも社会に企業がどのように貢献できるのかという観点を忘れることもなく、勤続三八年、あと半年でハッピーリタイアメントとなる直前に、自分の与り知らぬところで、背任事件が発覚し、管理責任を問われて、退職後の再就職をフイにするなどという羽目に陥ったら、いくら謙虚な人でも「そこまでの責任を俺が取らんといかんのか」と不条理に天を仰ぐでしょう。つまり、責任は人災であることを確定させるために必要ですが、その配分や重さの考慮は決して公平になされません。この世に生ずる無責任の話の七割くらいは、こうした責任に伴う不条理が原因で、責任を負う立場に置かれた者が納得できないと感じるからかもしれません。

しかしです。災いが起きた際に、それが起こるにあたって、何がしかの影響力を示す立場にあったと合理的に推論可能な場合には、「それはすべてが俺のせいでなったとは到底思えない」が、そうした気持ちを残しつつも、ぐっと奥歯をかみしめて「ここは俺のせいだということにせねばならん」と決意しなければ、「何か」が生じた原因や理由や背景や諸条件を未来のために記録しておくことができなくなります。**人災は記録せねばなりません。理由は簡単です。必ず繰り返されるからです。**人間そのものの不完全さからも、人間が共同の生を営むという宿命からも、私たちは、人災は絶え間なく起こり続けると考えねばなりません。「あんなことをやったら、あんなやり方をすると、ああなるのだ」ということに加えて、「あの人はむしろ、事が起こるまえにみんなに注意を促していたのに、責任を取らされて、私たちとしても申し訳がないような気がする」という気持ちも添えて、紙に、人々の気持ちに、刻みつけておかねばなりません。そうしないと、私たちは未来のための教科書を持つことも、教訓を成熟させることもできず、人災が将来起こるトータルの頻度や可能性を低減させることができず、その意味での「人災で人が著しく傷ついたり亡くなったりすることを減らすための知恵を未来に残す」という公共利益に貢献できなくなります。

●人災をもたらす可能性の高い人々

権力とは「人に特定の行為を指定する力」ですから、権力の担い手はそれだけ人災をもたらす可能性が高い人々です。企業の幹部は、本社の営業本部を肩で風切って歩いていたやり手の社員を、一週間後に人員八人の釧路の営業所に吹っ飛ばすこともできますし、私のような大学教員にも、学生の「成績判定権」という社会権力があります。人々に災いをもたらす可能性は、自宅にいる主婦（夫）より大きいでしょう。

しかし社員一〇万人の大企業幹部も、学生数数万人のマンモス私大教員も、一億人から集めた税金と大量殺人兵器を持つ組織（軍隊や警察）を左右し、ジーパンをずり下げて「ちょーうぜぇー」としゃべるサル同然の一八歳を兵隊として紛争地帯に送り込む権限を持つ人々、つまり政治家の持つ権力にはかないません。つまり、政治家、統治エリートたちは、この世で人災を引き起こす可能性が最も高い人々なのです。ですから、彼らの責任は一般的道徳や「人としてなすべき責務」とは区別された、特別な責任とされています。

政治家が取るべき責任とは、心情倫理に基づく「倫理責任」ではなく、法がなければ取る必要もない「法的責任」でもなく、**起きたことの結果の責任を取る「結果」責任**です。政治的決定をなす、重大な決定に大きな影響力を行使できる立場にいる者は、起きた人災に「好きでこうなったんじゃねえよ。一生懸命やってたんだよ。そこんとこわかってもらわねえと、俺としてもツラいってわけよ」などと言うのは許されません。統治エリートは結果責任を取らねばなりません。[*7]

●再び考える。元代表の責任とは？

世論は、元代表は責任をとって議員辞職するべきだとしています。でもそのためにはまずなによりも、彼の言動や政治行為が人々の「災い」となっていることを説明できねばなりません。政治とカネの問題をめぐって、元代表はどのような災いを誰にもたらしたのでしょうか。検察審査会は「国民感情からして当然」と言っていますから、ようは「国民が災いを受けたと思うような結果を招いたから」という理屈になるはずです。「起訴されたから責任を」という理屈はどうでしょうか。起訴されただけでは「法的」責任の要件すら満たしません。いまだに法的責任は立証されていないからです。法が予見し定めた刑法上、元代表は災いをもたらしているとは確定していないのですから、この理屈もとおりません。「世間を騒がせた」ことは、たしかに彼が世間にもたらした災いかもしれません。「毎日毎日、ブン屋やテレビ屋の小汚い連中が近所をうろうろしやがって、まったくもって迷惑だよ！」と、東京都世田谷区深沢の住民は「災い」を訴えるかもしれませんが、その程度の災いなら、テレビを通じて「国民のみなさん。いろいろとお騒がせして申し訳ありません。理不尽な起訴ですが、必ずお白州の場で己の潔白を証明します」と言っているのですから、それで終わりです。*8

こうして見ると、「説明責任」の責任という、先に「奇妙な」と表現した責任の問題も次のように考えることができます。政治とカネの疑惑については、すべからく国会の証人喚問を受ける法的義務があるのに、それをしていないという話なら、彼には「法的」責任がありますが、そのような大雑把で危険な法律など存在するはずもありませんから、彼については「説明すべき法的責任」はありません。そうなると「説明」責任とは、法的責任ではなく、「一人前の政治家なら、普通はきちんと説明できるはずなのに、元代表は、政治家としてやるべきことをやっていないではありませんか」という、「やるべき責務」、「果たすべき務め」の話であって、言い換えれば「元代表は言葉が足りない」という話です。

これは二一世紀の政治家にとっては致命的な欠点であり、「言葉がすべて」の政治においては無能の証明となります。どれだけ選挙に勝利する極意やノウハウを知っていようと、苦しくなってきた選挙の終盤にふらっと現れて、「頑張れよ。国会で会おう」とウン百万円置いていってくれようとも、金の「出」についてちゃんと説明できないのなら政治家を辞めるべきです。しかしそれなら、辞める理由は、「標準的能力として現代の政治家に要求される最低レベルの言語能力がないから」というものです。この点にきちんと依拠して、彼に辞任を迫るなら理屈はとおります（納得できるかどうかは別です）。にもかかわらず、そうした説明抜きに「説明責任を果たしていない」とか「責任を取って辞任すべき」などと大雑把な報道をするから、私たちは何の筋で元代表を「政治家として」評価すべきなのかがわからず、そうした評価をするセンスも成長せず、単なる性質《たち》の悪いカタルシスのためだけのバッシングが延々と続くことになるのです。[*9]

政治家は、不特定多数の人々の人生を台無しにすることができるような影響力と権力を持っています。だから「結果」責任を取らねばならないのです。マスメディアも有権者も、元代表がどのような「結果」（災い）を招いたのかを、もっと説明することが必要です。今のままでは、何やらあの政治家がとにかく嫌いで、田中角栄の影が悪夢のようにちらついて、閉塞感に覆われた日本の諸悪の根源みたいなものだから、「とにかく退場せよ」といった話となっています。

政治家は、理不尽と思っても、結果が災いなら責任をとり、マスメディアは、一般道徳のレベルの話と法的なレベルの話と政府のコントロールのレベルの話をちゃんと区別する説明をするべきです。そして、私たち有権者は、好き嫌いを超えて政治家を正しく評価することができるような大人にならねばなりません。「オザワってありえなくねぇ？」レベルの幼児言葉で、政治家を

逆さ磔《はりつけ》にして市中引き回しにしてはなりません。

＊1――検察審査会というものが、どのような目的と社会的機能を期待されて登場したのか、それに照らして正しく制度が作動しているかについては、今後議論が必要となるかもしれません。市民に開かれた司法改革の一環の割には、謎の多い組織です。

＊2――この原稿を書いている段階ではいまだ公判ははじまっていません。

＊3――でも、そのバカバカしさにまったくお手上げになるので、コストのいちばん低い対応として「反省のふりをして潔く一回消える」か「悔恨の情を示してしばらくは大人しくしておく」ことが必要となるわけです。

＊4――「親としての」責任、「指導するものとしての」責任、「この世に生まれてきた者としての」責任、「戦火の中を生き残った者の」責任などです。

＊5――それ以外には一切責任がないなどという乱暴なことを言うつもりはありません。裁判の結果、諸々の「法的」責任が確定されれば、もちろんそれがつけ加わります。

＊6――あの戦争の開戦の原因をたどっていくと必ず遭遇する、驚くべきエリートたちの言い訳です。

＊7――「一生懸命」なんてことを殊更に言うのは子供です。大人の世界では、なすべき仕事を一生懸命にやるなどということは、仕事の評価項目にも入らない前提です。石油の供給量が七〇〇倍もあるような国と戦争をはじめて、三一〇万人も人が死んで、「俺だって一生懸命やったんだよ。みんなも頑張ったんだから、一億総懺悔だろ?」なんて言われても困ります。天皇の戦争責任問題については、そもそも天皇が統治エリートとしての実効的権力や影響力を持っていたのかどうかという大問題と、「天皇なりのやり方で」戦後責任をとったのかどうかという大問題があり、結論は出ていません。

＊8――書いている当の私ですら、何とも大雑把なことしか書いてない新聞記事を読むたびに脱力感と不快感に襲われますが、それは元代表がもたらす災いというより、「何の責任なのかをさっぱり説明できないマスメディアの報道の劣化度がもたらす精神的災い」なのかもしれません。

＊9――その意味では、説明の責務を果たしていないのは元代表だけではなくメディアです。

そもそも国家がわからない

質問……原発つくったトーデンだって、やっぱ国のためっていうかぁ、そういうことで頑張ってきたわけだしぃ……。今こそ、みんな国のことを考えて協力するべきなんじゃないですかあ？

回答……国という大雑把な日本語の中にはイメージや実態の異なるものが同時にたくさん含まれています。そのまま大雑把に使うと、私たちが本当は何を守りたいのかわからなくなりますから、言葉の切り分けが必要です。

●「国《くに》」？「故郷《くに》」？「邦《くに》」？

次のカタカナを漢字にすると、それぞれどのようになるでしょうか。

「おクニのために戦死した兵隊さん」

「クニのお袋がね、少し金を送ってくれて」

「クニはこの判決を受け即日控訴しました」

最初のは「国」で、次は「故郷」、そして最後も「国（家）」です。しかし、一番目と三番目は使っている漢字は同じですが、使われている意味が異なります。死んだ兵隊さんは、カントリー（country）のために戦ったのであり、地裁判決を不服として控訴したのは、ステイト（state）です。ちなみに「故郷」のお袋がいるのは、カントリーでもありますが、重要なニュアンスはどちらかというと、マイ・オールド・タウンでしょう。田舎の田園風景が広がっていなくても、私たちは自分の生まれた街を「故郷」と表現します。音声としてはまったく同じ「クニ」は、ここではまったく異なる意味を持っています。

もしこの違いに不注意となれば、たとえば薬害問題に一定の責任を持つ「クニ」は、故郷であるとなって、「国のお袋」は、どこか別の外国に住んでいるというイメージを与えてしまいます。つまり、私たちが使うこの「クニ」という言葉は、大雑把に使用すると、自分が示したい大切な意味内容に誤解を与えてしまうのです。こうなるとどれだけ真心を込めて「愛国」を訴えても、不勉強な人々に「何だよウヨブタかよ」と一蹴されてしまいますし、逆にどれだけ自分のコミュニティを愛していても、君が代を熱心に歌わないだけで「売国奴サヨク」などと、怠惰な言葉（一六五ページ「サヨクが誤解されている」の章を参照）を使ってこき下ろされてしまいます。

●カントリー、ステイト、ネイション

私たちは、ちゃんと話をしてみれば、そんなに根本的なところで意見を異にしていないにもかかわらず、とりわけこの「国」の理解をめぐって、ときには非常に強い感情的対立を持ってしまいます。こうした不幸が頻発する理由は、この言葉が強調する意味のニュアンスを区別しないからです。この言葉に含まれる豊かな心情や思想を表現するには、「国」という漢語は余りに大雑把すぎるのです。

国を自分の心がコミットする、懐かしく、切ない、歴史や思い出の蓄積された、ある種個人的な空間意識とともに思い浮かべ、そこに山河や人々の姿が不可欠なものとして存在するならば、このときに使われる「国」とは、「故郷」であり、土地そのものにやや意識が強まれば「邦」であり、それは英語では「カントリー」のことです。

戦争で亡くなったたくさんの将兵が、死を目前にして頭に浮かべた「国」のイメージとはまさにこのカントリーのことであったはずです（まさかバンザイ突撃をする際に脳裏に浮かんだものが「霞が関の官庁街」であるはずはありますまい）。南方から九死に一生を得て復員してきた兵士の多くが、海上から遠くに富士山の姿を見て涙したという話もよく聞きますが、彼らはまさに「国破れて山河あり」という気持ちだったのでしょう。

このイメージとは対極にある、非常にドライで非文学的な意味内容を持つ「国」とは、ステイトにほかなりません。この言葉は、数百年のさまざまな意味の変遷を経て今日は「冷たい統治機

構」を意味する言葉です。つまり「行政の主体」くらいの意味です。よって、この言葉が表象するのは、無表情な、法体系や味気ない諸規則を黙って運用し執行する官僚群であったり、外交政策の延長として武力行使をする軍隊であったりします。先の事例でいう「国は控訴の意向を示し」云々は、まさにこのステイトの意味で使われます。クニは高濃度放射性物質が滞留している避難区域外の福島の人々に何ら危険回避措置をとろうとせずにいるから、今や住民は「クニは私たちを見捨てるのか！」という怒りの表現に至っているわけです（二〇一一年九月現在）。この場合の「クニ」は、国家行政サイド、つまりは「政府（government）」です。

整理してみましょう。「クニ」で意味されるのは、「故郷や山河や懐かしい人々」をも含めたカントリーと、統治行政組織としての国家や政府としてのステイトです。明らかに内容が異なりますよね。

「クニ」と発話されるものが意味するものは、じつはもうひとつあります。英語で表現するところの「ネイション（nation）」です。ネイションは、ときとして「国民」と訳され、主として集合的人間という基本イメージを持っていますが、今日、国「民」という意味にとどまらず、先に説明した機構としてのステイトや領土も合わせて、領域国家全体を表す意味として使われる場合も多い言葉です。典型的な使用例は、国連（国際連合）を指すユナイテッド・ネイションズ（United Nations）です。ここでのネイションズ（複数のネイションが集まって成立していますから）は、多数の国連「加盟国」を表していますが、ここに含まれる意味内容は単なる「カナダ政府」、「ベルギー政府」、あるいは「ガボン政府」にとどまりません。語感として含んでいるのは、そうした政府や領土とともにそこで生きる人々（people）の総体です。ですから、ここでの「クニ」は国際政治、国際社会を構成する主体としてのネイションということです。

このネイションがカントリーとどう異なるのかについては、いろいろな側面がありますので安易に断言することはできませんが、ひとつの特徴として指摘できるのは、この言葉が示す、ある種の「人為性」というものです。カントリーという言葉からは個々の人間の持つ各々の「小文字の人生物語」が浮上してきますが、「ネイション＝国民」の場合は、個別の人間の具体的な親愛や自然な精神的コミットメントというよりもむしろ、「政治的な（人為的な）」構築物としての共同体、近代の歴史以降、統治の要請に基づいて教育的に上から育成されてきた、フィクションとしてのアイデンティティを表象するようなものです。したがって、おおよそこれには「ひとつの言語」、「ひとつの民族」、「ひとつの歴史的運命」といった、「大文字の物語」によって成立する集合イメージがあります。つまりネイションは人々の「心の故郷」というよりも「国際関係を生きるための自覚」に近い含意があり、「国民によって成立する国家」という、極めて近代的なニュアンスを持つ「クニ」であるということです。これは明らかに「故郷」や「政府」とは異なる意味内容を表現する言葉です。

そうなると、このネイションで示される「国家」や「国民」は、「伝統としての国柄」などと強調する人たちが使うのとは異なり、非常に新しい、モダンな観念であって、決して歴史や伝統に深く根差したものではありません。なぜならば彼らがいくら「伝統ある国家の歴史に脈々と息づいた云々」と言ったところで、明治国家成立以降の歴史はたかだか一五〇年程度のものに過ぎないからです。これに反発する人たちは「何を言うか！　皇祖皇宗の悠久の歴史や万世一系の連なりを無視するのか！」と血相を変えますが、それは近代の歴史ではありませんし、彼らが強調する「伝統に依拠した天皇制の儀礼」は、ほぼすべて近代明治国家が自らの体裁を整えるためにとことん合理的にまとめあげた国家儀礼制度です。つまり伝統に依拠したのではなく、「伝統に基づくものとする」と明治以降、元々は薩長の田舎侍だった新政府のリーダーたちによって、あとから説明づけられたものなのです。

このように考えると、私たちは「クニ」という言葉で、相当に荒っぽい話をしていることになります。荒廃した東日本の被災地を目の当たりにして、平成生まれの若者が「今までオレらが自己チューに生きてきた価値観とか、そういうのが変わっちゃって、クニのために頑張るみたいな気持ちが、もうけっこうヤバいってゆうかぁ……」と言ったとき、彼がイメージする「クニ」とは本当は何なのかは、もはや「クニ」と発話する言葉では明らかにできないということです。そして、この言葉を耳にし目にした「古《いにしえ》の若者たち」（おっさんとおばはん）は、「考えの浅い若者たちの間に危険な国家主義的な傾向が垣間見られる」という、いつもの、トホホな例の言い方が重ね合わされるというわけです。やれやれです。相変わらずかみ合いません。

●切り分けないと生ずる問題

こういう状況がどうしてそんなに問題かというと、国家や共同体や愛国の観念などにおいて、いがみ合う必要のない人同士が無益に非難し合うことになったり、まったく別のことを考えている人々が勝手に同じ思想集団だと決めつけられたりするようなことが起こるからです。たとえば「日の丸や君が代に対して敬意を払わないものはみんな国を愛していない非国民の売国奴だ」と言ったとき、この発言者はこの前半で使っている「国」をどのような意味で使っているのでしょうか。もし「国」が「カントリー」であるなら、カントリーを愛するのに旗や歌はさほど不可欠なものではありません。歌も旗も国家的なるものとされた理念の「シンボル」であって、シンボルよりももっと具体的なもの、つまり故郷の美しい河や花の咲きほこる里、そして心優しい街の人々を愛するのが、カントリーの意味で、それが「クニ（故郷）」を使う人の心の稜線というものです。でも「売国奴」と勇ましく人を非難する人は、何やら非常に抽象的なものとしての「国家（ネイション）」を強調します。故郷を愛する人々は、日の丸については「じいちゃんが兵隊に取られた日を思い出すよ」と死ぬまで言い続けたばあちゃんの顔を喚起させるものかもしれませんし、そういう人にしてみれば「売国奴！」と言われても、目をパチクリといったところでしょう。

しかも事態が錯綜するのは、日の丸や君が代を絶対視する人々が、故郷を顧みない親不孝かというと、そんなことはありません。むしろ逆でしょう。「愛国者たる者に故郷の母親を大切にしない者があろうか」というわけで、カントリーの意味での「クニ」という言葉を使っている人々と何ら根本的な価値観の違いがあるわけではないのです。ここでは、抽象的な国家に（なぜか）心酔する人が、カントリーとしての国（故郷）を愛する人々を「もっと愛国者たれ！」と糾弾するという、まことにやり切れない事態が生じているということになります。

最終処理に何万年もかかるような廃棄物を生み出す、プルサーマル燃料を使用する原子力発電所の建設計画に対して、「先祖代々受け継いだ土地を未来の子供たちのことを考えたら、そんな危険なものをつくることには到底賛成できない」と、ありとあらゆる脅しや妨害に抗して反対しようとした農民がいたとします。彼らに対して「これは国策である。国の決定に反対するとは、貴様はいつから共産党になったのか。原発建設に反対する連中は皆、反日のサヨクである。日本国民なら反原発を言うな！」という言葉を投げつけたとき（日本中の原発建設地でこういうやりとりがあったはずです）、「国策」を口にする愛「国」者たちは、ステイトやネイションを錦の御旗にして、カントリーを守らんとする愛「国」者たちを踏みつけにしたことになります。そして、今日、世界中に明らかになっているのは、ネイション・ステイト（国民国家）としての日本は、自らの手で自らの国土（福島県周辺および将来的には東日本全域）を消滅させせんとしていることです。「国」策としての原子力政策は、いったい誰の何を守ったというのでしょう。

私がここで言いたいのは、原発がいかに恐ろしいかということではありません（もちろん恐ろしいですが）。切ないのは、国策として原発を信じた者も、それによって故郷が消滅した者も、ともに「国」を愛しているということです。クニを愛してそれを守ろうとした者たちが非「国」民として非難されて、クニを愛した原発推進者が結局自らの手でクニを亡きものにする政策に手を貸してしまったことです。そして、それにもかかわらず、今日にいたるまで、いまだに脱原発を訴える、今や多数派となりつつある人々に、一部の人々が「脱原発は反愛国的主張だ」と絶望的な批判をし続けていることです。何と無益で愚劣なやりとりでしょうか。

●もうひとつの切り分け語「公《おおやけ》」

政府や統治機構のことを言っているのか、フィクショナルな近代国家と国民のことを指しているのか、もっと大雑把に「すべてをひっくるめた我がイトオシイ国ニッポン」としているのかわからないまま、そして抽象観念としてのネイションと「生活世界」としてのコミュニティやカントリーは同じものではないということを踏まえない人々が、やみくもに「愛国」というのには、さすがについていけないという人もいます。つまり自分は狂信的な右翼ではないとする人々です。そういう人は「国《くに》」というから誤解が生ずるのだ、「公《おおやけ》」といえばいいのだと主張します。「公共性」の「公」ですね。

お国のために戦死した人々は、つまりは「公」に尽くしたのだ。「国家」とか「国民」としてというと、政府から動員されて殺されたというイメージも払いきれないだろうし、実際にそういう側面もあったということになろうが、あの若者たちは命を賭して「公に尽くしたのだ」と分節化すれば、彼らを過剰に英雄視することも避けられるし、逆に「帝国主義の手先」とか「鬼畜のような日本兵」と蔑まれることもないだろうということです。

この「公」、パブリックネス（publicness）という考えは、日本以外の歴史・知的伝統においても非常に重要な意味を持つ言葉です。紙幅の関係上これをくわしく説明できませんが、とりあえずより日常に引きつけてまとめてみますと、「公」とは、個人の、私的な領域を超えた世界にかかわることを意味するのであって、「俺の」問題ではなく、「俺らの」問題として扱うべき問題の領域を表現する言葉です。「私の iPad が壊れてチョームカつく」というのは私の（プライベート）の問題ですが、「iPad に使われているリチウム電池が環境汚染を引き起こしている」という話になると、これは「公共の問題」となります。

ですから、クニのために戦って死んだ英霊というとアレルギーを感じる人々も、「個人を超えて他者のために命を懸けた若者」とすれば、そこに頭を垂れる自然の感情が生まれるということです。これは非常に説得的な表現かもしれません。西欧の伝統に沿っても、「市民」を表す言葉は複数のコンテクストを持ちますが、その中でも「公民」、シトワイアン（citoyen）は、まさに自らを犠牲にして公のために尽くす責任感と矜持を身につけた存在として観念化されています。自己の私的利益の放縦を是とする傾向を戦後社会の堕落した状況に重ね合わせる保守系の論者などは、この公に尽くす公民こそが、今日の民主政に欠けるものだと批判します。[*1] そして、自分の私的利益など少しも省みることなく、国を想い、親を想い、故郷を想い、日本を想って公に尽くしたあの特攻隊の若者、そして数百万の英霊こそ顕彰すべき者たち……というふうな話なのです。

今日、放射能に怯える日常を生きる者として、「自分はどうなってもいい」と考え、自己利益を超えた「人々の大切な何か」に思いを寄せて行動ができる勇気ある者たちの存在がどれだけ偉大なものかは、ここであらためて説明する必要もありません。人間は弱いです。さほど簡単に自分を犠牲になどできません。しかし、私たちはこの社会にそういう偉大な人間に出会える幸福というものを知っています。その意味で「公」という言葉で「国」をいま一度分節化すること自体には異論がありません。どのようなかたちであれ、公に尽くすということが皆無である人生には意味を感じませんし、自分の子供も、その点を考えて教育するでしょう。「あるひとつのこと」に注意書きをつけてですが。

●「公」は「国家」に吸収されない

「公」とは、個人の「私」的領域を超えるものです。「俺らの」世界のことです。だから「米軍の本土上陸を少しでも遅らせるために空母に突っ込む行為」は、自分を超える公のための行為です。だから「国を愛すること＝公に尽くすこと」というふうにされます。しかし、少し丁寧に考えてみればすぐにわかることですが、「自分を超える領域」は、「国家」という単位だけではありません。自分を一歩出たときに直面する世界は、家族、友人関係、近所、町会、自治体コミュニティ、県、関東（西）圏、国、東アジア、ユーラシア……というふうにたくさん存在します。そしてここが極めて肝心なところですが、この領域や単位は「大きくなればなるほど重要度が増す」というものではないということです。町会よりも市、市よりも県、県よりも、何といっても「お国」のほうが大切で重要だということは、個別の問題ごとに具体的事情に応じて決まることではあっても、決して論理的必然として導き出されることではないということです。

ネイション（国民）を想って、敵艦に突入することは「公」に尽くすことですが、それでは悪徳市長や役所とつるんだ産廃処理業者の裏山への不法なゴミ廃棄を、体を張って防いだ若い町内会の有志たちの早朝からの座り込みは、公に尽くす行為ではないというのでしょうか。国と東電がひた隠しに隠してきた情報がフリーランス・ジャーナリストの鋭い質問によって抉り出され、そのように掘り起こされた事実を前にして、永らく眠りつづけた日本のマスメディアがついに生まれてはじめて正気を起こす契機となれば、その記者の勇気と根気のある取材行為は、まさに「公」に尽くす行為として称賛されてもよいものでしょう。

私たちのまわりには、ステイトやネイションには直接貢献せずとも、生活世界としての地域や街で、まさに自己利益を超越して公に尽くす人々がたくさんいます。もし「公」というものを「国家」（ネイション）に尽くす者というふうに吸収させてしまうと、これを「国」以外の言葉として分節化する意味がなくなってしまいます。そうでないと、国家に奉仕しないようなものは公共に貢献したとは言えないというところから一歩も出ることなく、この言葉は単なる大雑把な「クニ」の代用品言葉に過ぎないことになってしまいます。[*2]

公に尽くすというのは偉大な行為です。しかし、これをイコール「愛国」と直結させる人々には尋ねてみたいのです。自己を超える「俺らの共同領域」はたくさん存在するのに、どうして、その中から「国家」だけを、決定的な根拠も論理的必然もなく取り出して、「公」の代表形態のように扱うのですかと。公は尊いです。しかし、それがなぜ「国家」でなければならないのか。これまでに納得のできる回答を誰からも、ただの一度もいただいたことはありません。「公の代表は国家だ」という物言いは、つまり「好きなんだからしょうがない」の域を出ないものです。この点についてきちんと押さえておかなければ、無条件に自分の子供に「公に尽くすような人間になりなさい」とは言えません。

●共同的なるものを愛する気持ち

国という言葉を大雑把に使うべきでない、内容をきちんと切り分けられるように使わねばならないと言ってきた最大の理由は、「自己を超えたもの」の想定なしには、私たちは自己の幸福すらえられないからであり、かつ本当に私たちの生に寄与する共同性とは何かを考えるための、共通の出発点をつくりたいからです。自分単体で世界を生き抜けると信じる人間のことを私たちは「子供」と呼びます。私たちは結婚せずとも、子供を持たずとも生活はできますが、共同的なるものなしには生きていくことはできません。それほど大切なものを考えるには「クニ」という言葉だけでは、あまりにも品揃えが悪いのです。クニを大人として丁寧に、そして静かに語るために私たちにはもっとたくさんの言葉が必要なのです。

＊1——佐伯啓思『市民とは誰か』（ＰＨＰ新書、一九九七年）などが典型です。

＊2——そもそも、英語の〝public〟とは「国家や行政の論理ではなく、社会（society）という、お国とは別の論理を原則とする集合体に固有の」という意味の言葉です。詳細は、愚著『はじめてのデモクラシー講義』（柏書房、二〇〇四年）、第四講を参照してください。

そもそもリベラルがわからない

質問……「リベラル」って自由主義のことで、だから自民党ってリベラルですよね？

回答……日本での使い方は出鱈目です。使う人によって異なってしまっていますが、おおよそ「非強権的で、新しく生まれた社会的価値観に寛容な政治態度を示す」ような立場のことを指します。この点では現在の自民党とは対極のものです。

●混乱の極みの言葉「リベラル」

メディアや政治家や評論家が使う言葉には、本当にいい加減に使われているものがありますが「リベラル」は、まさにその典型的な言葉です。一般の人は無理もないのですが、政治報道記者や政治家などがいい加減に言葉を使うとまともな議論もできなくなります。たとえば新聞などに「政界再編成をにらみ、党内リベラル派を再結集して、第三局の影響力を行使する狙いだ」などと書いてありますが、困るのが「党内リベラル派」の意味です。私は専門人ですから、私たちの間で共有されている意味の振り幅を念頭にものを考えますが、新聞に示されている具体的な政治家の名前を見てみますと、どうにもしっくりとこないわけです。あれ？ その人はリベラルというよりもむしろ保守だよなあ？ それとも待てよ、もしかすると、反規制緩和的なあの政策への賛同者という部分に引きずられて、記者が強引なグループ化をしたのか？ いや、やっぱりこの政治家は「みんなで靖國神社の参拝をする会」のメンバーだもの。どこがリベラルだよ？ これはやはりある程度の交通整理をして、話が相互に通じる言葉の仕分けをしておかなければなりません。

よく対置して示されるが**「保守対リベラル」**という図式です。[*1] リベラルとは、保守とは逆の意味で何かを改革するような立場なのかとも思われますが、でもリベラルというのは「自由主義」といった意味だから、自由民主党は保守政党だという話がおかしくなり混乱に拍車がかかります。「保守対リベラル」という図式はアメリカの事情を背景にしていて、保守側とされているのは共和党です。[*2] ではリベラルは民主党であるかというと、「かつては」そうした考え方を持った人々が、とくに北東部や西海岸を中心にたくさんいましたが、今日は、のちにくわしく触れますように、「あいつはリベラルだ」というレッテルを貼られると政治的にピンチに陥るので、自称「リベラル」などという政治家は、ひとりもいないと言わねばなりません。ここでまた混乱は深まります。昔のリベラルと今日一般語として使用されるリベラルが異なる次元を形成してしまっているからです。こうした混乱を整理するために、まずは大元の話として、ヨーロッパとアメリカの両方にまたがる話をしましょう。それは**「ふたつのリベラル」が存在する**という話です。

●もともとのリベラル

リベラリズム（Liberalism）の思想的源流はいろいろありますが、細かいことを言うとまた混乱がひどくなりますから、話があまり複雑にならないように、何とかシンプルに示してみましょう。まずはヨーロッパの文脈です。*3 もともと封建諸侯の身分的「諸特権」を意味した大昔のリバティーズ（Liberties）は、歴史の中でその具体性を薄めて、より抽象的な万人の権利としてのリバティ（Liberty）、自由として読み直されます。そして、血に塗られた宗教戦争にほとほと嫌気がさしたヨーロッパの統治者たちは、個人の信条が新教でも旧教でも、それを理由に政治的抑圧はしないという「宗教的寛容」へと考え方を転換させます。それから絶対君主の横暴から市民階級が自己保全をするための政治的目的とともに、自己の内面の尊重を基本に、政府すら安易には介入できない財産や経済活動の維持を中心とした自由の考え方がまとまってきます。これが歴史上のオリジナルなリベラリズムというものです。ポイントは、個人の内面にも自由市場にも、市民社会（ブルジョア社会）にも国家は介入せず、基本は社会の自律と自立に委ね、やるべきことは最小限（治安の維持と国防と関税の管理など）にすべきであるというところです。**「政府は社会に介入しない」という原則**です。

こういう考え方が基本ですから、リベラリズムは、これ以外の太いふたつの思潮である「保守主義（Conservatism）」と「社会主義（Socialism）」というまったく異なる立場から非常にきびしい評価を受けます。保守主義者は、リベラリズムなどは人間の内面や市場などという当てにならないものに寄りかかって、確固たる信念もないと断じます。そして、そういう愚劣な人間が自由などという都合のよいものに乗っかって、てんで勝手なこと言っているのを許し、あたかも市場で値段が決まるかのように、ガラガラポンと妥協に妥協を重ね、この世界の大切な価値を取引にまかせるようないい加減な奴らが持つ考えだと批判します。

他方、社会主義者は、リベラリズムなど経済的権力が階級利益を擁護し、不平等な生産物の配分を固定化させるための言い訳に過ぎないと批判します。連中は、自由、自由と言っているが、それは私たち労働者から搾取し、正当な稼ぎの上前をはね、自分たち資本家の利益が揺らぐことなく資本が蓄積されていくためのカラクリを固守する自由のことだ。そもそも経済における決定は、市場などに委ねるのではなく、労働者が経営に参加するなかで、共産党のリーダーシップとともに行うべきものだとなります。保守主義者は「死者の声を軽んずるリベラル」と批判し、社会主義者は「民の声を軽んずるリベラル」と呪います。

このように、長い封建制を経て、政治的、社会的葛藤を経て思想を熟成させてきた西欧の伝統においては、ひとつのものの考え方が単独で勝手に成長することはありません。「リベラリズム」と言っても、それが単体で存在することはありえません。思想というものは、つねに保守側から見ればああ見えるが、ラディカル派からすればこうなるという、相対性の中でとらえられるものです。

●アメリカにおけるリベラル

リベラリズムがアメリカに伝わったころ、アメリカはまだイギリスの植民地でしたが、国家はなくとも社会はすでにすっかり近代化されていて、いわばヨーロッパの市民革命の成果が純粋培養される条件が整っていました。封建制度との葛藤がない新世界では、リベラリズムはほかの思想との葛藤もなく、ある種、絶対的な信条として、不問の前提となります。独立する際も、建国の父たちは一応強力な中央政府をつくるのですが、それは市場や社会に介入しない「弱い中央政府」を基本にしたものでした。たとえば、中央政府は国民から所得税を徴収する権限がなく、憲法を修正して、ようやく課税権を得たのは何と二〇世紀に入ってからでした。歴代のアメリカ大統領は、社会主義者に言わせれば「ビジネス集団にドル札で頬を張り倒されて言うことを聞いているような脆弱なお人形さん」のようなものでした。二〇世紀転換直後も、アメリカはまさに独占化して巨大化した資本主義のやりたい放題のヨーロッパ流「リベラリズム」国家だったのです。

ところが一九二九年、いわゆる「大恐慌（The Great Depression）」が起きました（五二ページ「資本主義は今や切ない」の章を参照）。この経済破綻で、アメリカではもはや国家が社会経済に介入せずに市場にまかせるなどと言えなくなってしまいました。何しろ市場そのものが壊れてしまって、賭博でいえば胴元が誰だったかも賭場があるのかないのかもわからなくなるほど、経済が吹っ飛んでしまったからです。その結果、連邦政府はもともとのリベラリズムの原則からすれば到底許されないようなことをせざるをえませんでした。政府による銀行の管理や大規模公共事業による、国家の直接市場刺激策などです。F・ルーズベルト大統領が行った、こうした国家介入的政策には、生き残ったビジネス界からも激しい批判が浴びせかけられ、なんと裁判所までがいくつかの経済政策に違憲判決を出してしまいます。リベラリズムでは、国家はそこまでのことをしてはいけないという警告です。

困ったのはルーズベルトです。批判されるのが権力者のつねとはいえ、アメリカ人ですからやはり「それは自由を侵すものだ」と批判されるのは嫌なのです。そこで彼はリベラリズムを、名前はそのままにし、内容を変えることで正当化しようとしました。まず危機に陥っているアメリカの経済を枯れる目前の一本の木にたとえます。このとき保守主義者や欧州リベラリストは「私たちにできることは、この木の生命力を信じて見守ることだ」として、枯れそうな木には何も手を加えません。他方、社会主義者たちは、瀕死のこの木には手術が必要で、接ぎ木をしたり、土壌改良をしたり、最悪の場合は別の木を植え替えてしまえと主張します。前者は放置して木を枯らし、後者は自力での回復力を奪ってしまいます。ところが「真の」リベラリズムは、木の自力を見守り、病気の部分だけを治す、適切な剪定《せんてい》を行うのであって、だから「本当のリベラリズムは適切に政府が介入するリベラリズムのことである」と、じつに都合のよい理屈をつけて、自らの介入的政策を正当化し、「私のやっていることこそ、もともとの正統なリベラリズムである」

と豪語してしまったのです。大変な力技と言わなければなりません。

ニューディール政策でルーズベルトのとった政策は、経済を立て直すのに決して劇的な効果を生んだわけではありませんでした。しかし、直後に起こった第二次世界大戦と、それが生み出した膨大な軍事的需要が、アメリカの失業問題と経済的停滞をあっという間に解決してしまいました。そのためアメリカ経済を立て直したのが市場にまかせて放置したから（旧リベラリズム）なのか、適切に剪定して介入したから（アメリカン・リベラリズム）なのかは曖昧となりました。もちろんそのためルーズベルトは現実主義でプラグマティストだったということになりました。大戦終結後には平時ですから政府の介入はだいぶもとに戻りましたが、のちに一九六〇年代のケネディ政権以後のアメリカ民主党政権は、基本的にはニューディールの路線を継承し、共和党から「大きな効率の悪い政府」と批判を受けつつも、適切な介入をするリベラル国家を運営していくことになります。ここにおいて、ヨーロッパとは異なるニュアンスを持った、**「適度に介入するのが真のリベラリズム」という、ふたつ目のリベラリズム**が一般化するようになってしまったのです。

●新しい価値への評価

保守的で安定した黄金期としての一九五〇年代の後半から、アメリカ社会では少しずつ新しい問題が顕著となってきました。人種差別、豊かさの陰で深刻化した管理社会化といった現代社会に特有の問題です。これらはワスプ[*4]が支配的な価値の判定者であったアメリカ社会に対して、その価値転換とメインカルチャーの見直しを求める主張の背景となりました。そして管理社会化から人間を取り戻そうとするさまざまな主張や運動が、アメリカ社会の持つ豊かさゆえに、さまざまな領域で生まれ、なかには相当急進的な主張も含まれていました。刑務所の受刑者の人権擁護、女性解放、同性愛の解放、自然への回帰等です。権力とビジネスの走狗となり下がった大学や知識階級の解体も叫ばれ、世界の警察官としてさまざまな軍事的介入をするアメリカ軍がアジアの小国ベトナムでコミットしている戦争への批判も加わります。

民主党政府は、このような批判の多くに耳を傾け、そうした新しい社会的価値を擁護、もしくは支持しました。それは新しい社会的なプロテストに対する「政府が適切に介入することによってアメリカ社会を立て直す」というメッセージでした。ここに**「新しい社会的諸価値に対して寛容な立場」という意味のリベラル**が定着する端緒がありました。ルーズベルトを支持した知識人と労働者階級と若者と黒人は、労働者を除いて基本的にはこの民主党のリベラル路線を支えました。

また、この時代の民主党政府は、長きにわたる差別によって教育を受ける機会を奪われていた黒人の現状を向上させるためには、理想と高尚なかけ声だけではなく、具体的な生活向上プログラムが必要だと考えましたから、自ずとその施策は黒人の雇用を生み出す介入的公共事業や高コストの職業訓練プログラムが中心となり、連邦政府は「大きな政府」となりました。そして、これにさまざまな利益団体や企業が関わりましたから、アメリカ連邦政府は総花的に何でもやる「高コスト体質」を身につけることになりました。一九七〇年代も終わりに近づくと、アメリカの連邦政府は、「問題を解決する主体」ではなく、「肥大化し非効率となり巨額の赤字を生み出す問題それ自体」であるとして、共和党、反リベラルから激しい非難を浴びるようになります。翌年の大統領選挙では、「行き過ぎたリベラリズム」に鉄槌を下すかのように、極右ゴリゴリ保守のR・レーガンが現職大統領ジミー・カーターを相手に地滑り的勝利をおさめます。リベラリズムの大敗北でした。

●ネガティブなレッテル

大きな政府で正義を実現するという、六〇年代民主党政権の持った理念が政治的に敗北することによって、リベラルという言葉の運命も大きく変わることになります。ルーズベルトが力技で果たした、「アメリカの国是リベラリズムと二〇世紀型国家の両立」という枠組みは、共和党レーガンと「反」リベラルの台頭によって瓦解していきます。古き良きアメリカの復活を願うワスプの反転攻勢のはじまりでした。

悲惨なリベラルのイメージは映画においても表現されています。[*5] 西海岸に向けて故郷アラバマを抜け出し、「平和にもチャンスをくれ！ (Give peace a chance!)」と歌いながらカリフォルニア・ドリーミングを求め、フリーセックスの挙句、父親の確定できない子供を産んで、理想とは裏腹に結局は少々くたびれたウェイトレスとなって、エイズで亡くなる元リベラル支持のベビーブーマーが出てきます。最後に彼女は、頭も少々弱く、それゆえリベラルな連中にも惑わされることもなく、フットボールでは全力で走り、ベトナムでは戦友を救い、真面目にビジネスをやった結果金持ちとなってママに親孝行をして、アラバマでいまだに暮らしている「フォレスト・ガンプ」に助けてもらうのです。

反リベラルのワスプはこう言ったでしょう。「ほら見ろ。リベラルに毒された奴らは、家族の伝統的価値も捨て、わけのわからない夢を見て、ヒッピーになってエイズで死ぬんだ。お前たちもあの連中に騙されずに日曜の一〇時には教会に行くんだぞ。父さんは、これからブッシュ・ジュニアの政治資金パーティに行ってくる」

時代は変わり、もはや「リベラル」とは、犯罪者の仮釈放に積極的で社会を不安に陥れ、エルトン・ジョンが男のパートナーと結婚することに賛成し、女性の海兵隊入隊を当然とし、アファーマティブ・アクション（積極的差別是正措置）に賛成し、妊娠中絶を容認し、西海岸のコミュニストと仲良しの連中ということになってしまいました。レーガン以降、深南部の民主党右派を代表するB・クリントン以外、大統領選挙の民主党候補者は、M・デュカキス、J・ケリーなど、みんな共和党からの「彼はリベラルだ」というネガティブ・キャンペーンで失ったダメージを挽回できずに敗れていきました。B・オバマ大統領がはじめての黒人大統領となり歴史を切り開きましたが、その成功の理由は彼自身の有能さ、運、そのほか諸々ありますが、リベラルというレッテルを貼られずに最後まで大統領選挙を戦うことができたことが決定的でした。今日、アメリカでは、リベラルは完全にマイナス語でしかありません。

●自民党という混合体

日本の現在ある政党の中で、共産党を除くと最も長い歴史を持ち、支配的な存在であったのは自由民主党（Liberal Democratic Party）です。英語にもきちんと「リベラル」とついています。はたして自民党はリベラルなのでしょうか。それとも野党になって以降強調しつつある自称「保守」政党なのでしょうか。結論から言いますと、**自民党はリベラル政党ではありません。**判断の基準は、新しい価値への態度です。総じて自民党の政治家には新しい社会的価値に対して、非常に不寛容な人たちが多く見られます。典型的なのは、今日なかなか決着を見ない夫婦別姓を目指す民法の改正問題です。自民党の中には「夫婦が別の姓を名乗ることで家族の絆がいっそう弱まり、ただでさえ崩壊しつつある日本の家族の解体に拍車がかかる」という、さほど説得的でないにもかかわらず（というか、それゆえ）極めて頑迷な考えを固守している人がたくさんいます。

また、権威を大切にし、比較的伝統的価値を重んずるという点で、自民党の中には反リベラル派がたくさんいます。たとえば、天皇制や皇室に対する態度を見ても、自民党には権威を重んずる人々がたくさん含まれていますし、国家主義的傾向にも注意を払えば、ヨーロッパ的リベラルの意味する人間像も、こういう人たちには到底当てはまりそうもありません。やはり自民党は保守政党なのです。[*6]

しかし、もし話を「国家の介入の仕方」という点で考えると、自民党の性格はまた別の表情を見せるのです。アメリカ的リベラリズムでは、国家が適切に介入することで自由経済と社会的ネットの両方を守る「積極政府」がありました。でもこれは一九五五年の結党以来自民党のやってきた数多くの政策の基本的性格でした。戦後復興と経済成長は、まさに国家が相当程度社会経済に介入してきたからこそ成功したものでした。戦後復興は、国民を飢え死にから救う目的でしたし、高度成長は豊さをもっと下のレベルで生活している人々にまで広げる、豊かさの底上げのための政策でした。そのために自民党は、戦時中に完成した社会的資源の大動員システムを機能させる、社会の毛細血管のように入り込んだ官僚機構を活用して、選挙の際の票と引き換えに、とりわけ農村地域に手厚く保護を加えました。他方不況と見るや建設国債を乱発して、大借金をして企業に仕事を振りました。経済的弱者である地方には、補助金と地方交付税交付金を通じて、実質的な所得の再分配を行いました。これらの介入的施策は、**準社会主義的な性格**と呼んでも差し支えのないものです。つまり、この意味では自民党が五〇年の間にやってきたことは、**ほぼ理念としての社会民主主義に近いもの**だったのです。[*7]

しかし、そんな自民党のことをマスメディアは決して「リベラル政党」と呼ぶことはありません。とりわけアメリカ的文脈の濃厚なものの意味を、日本のジャーナリストも評論家もあまりよく考えていないことが多いからです。市場の原理によって、この世の生産は「適正価格」の名の下に社会に配分されます。しかし、より平等に配分がなされるように事後的に「再」配分を行います。これを積極的に行うのが、アメリカ的意味の「リベラル」です。そしてヨーロッパでは、これは「社会民主主義」と言われます。しかし、日本ではそれを長らくやってきた自民党が「保守」と呼ばれるのです。何ともおかしな言葉使いです。

●政策ごとに分かれていない日本の政党

今日のリベラルを、アメリカ的味つけを中心に、**「反権威主義、個人単位の近代主義的性格、それゆえの伝統から自由な社会的価値観を有する、強権的な政治手法を好まない、適切に介入する公正な国家を重視する立場」**と性格づけたとき、日本にはそうした立ち位置を持つ政治家は、自民党にもかなり、民主党には相当数、社民党はほとんど、共産党には一部、そしてみんなの党にはごく少数、公明党にも少なからずいることになります。まったくもって日本の政党は何のためにあるのでしょうか。考え方の異なる人々が同じ党に属して、かなり太いところで考え方を共有している人々が別々の政党に属し、それでいて社会的諸価値を部分的に体現する、すなわち社会の部分をなすもの、すなわちパーティ（parties）を複数構成しているのです。

じつはこうなるのは無理からぬところもあります。この一〇年の政治の流れで言えば、ひとつの政党があまりに長い間与党であったために、日本ではとにかく「すべては政権交代のために」のかけ声とともに人々が集い、政党を育ててきたのですから（とくに民主党）、太い政策ごとの集団づくりというよりも、古い構造に固執する既得権益保持者とそれを打破する人々というように党派が分かれていったのです。政策や理念は次の段階なのかもしれません。政策ごとにきちんと分かれた政党で政権を競うというのが理想ですが、現実は「利権を断つためには人を代える」というところにあったのですから、しょうがありませんし、これはこれで必要なことだったのです。

今後、日本でどのような政界・政党再編成があるかわかりませんが、もし私たちの政治の世界をまだ「リベラル」という名で示される価値が、私たちの重要な価値を表現できる言葉であるならば、このように最低限の整理をしたうえで使っていくべきでしょう。誤解されると困るのは、「大人はリベラルである」などとは、一言も言っていないことです。大人なら言葉を切り分けろと言っているのです。

＊1――本当は「保守」といわれても、何を「保ち」、「守る」のかは、誰もさっぱりわかっていないのですが。

＊2――これまた面倒なのは「保守的」にもかかわらず共和党は、リパブリカン・パーティ（Republican Party）であることです。

＊3――本当は「自由主義」と書いてしまってもいいのですが、とにかく〝-ism〟とあるとすべて「～主義」とやってしまうという先人たちの負の遺産がありますので、それをなるべく避けてカタカナ表記にします。

＊4――WASP（White-Anglo-Saxon Protestant）とは「白人でアングロサクソンの新教徒」という意味です。

＊5――『フォレスト・ガンプ』（監督：ロバート・ゼメキス、一九九四年、パラマウント配給）

＊6――日本の天皇制は、ほとんど伝統的豊作祈願行事の実行役のファミリーとなりかけていた京都の天皇一家を明治新政府が近代国家建設のためにリニューアルすることでできた、極めて「モダン」な制度だとする理解があるのですが、話がややこしくなるので一応伝統的価値の体現者としておきます。

＊7――一九九〇年代にソ連が崩壊した後、ロシアのエリートが集まって、次のロシアのモデルを「日本」にしたのは、日本が社会主義を平然とやっているからだと言った逸話は、まんざらジョークでもなかったのです。

そもそも政治主導がわからない

質問……政治主導なんて結局機能不全になるだけで、やっぱり官僚主導だよね？

回答……もちろん官僚を関与させないと政治も行政も遅滞をきたしますが、「省益」を目的に関与してきたときには、人事権を使ってコントロールしなければなりません。予算も人事も今は権限を役所に奪われてますが……。

●「政治主導」改革とその難しさ

二〇〇九年の政権交代以後、日本の政治は「官僚主導から政治主導へ」のかけ声とともに、明治維新より一五〇年近くも続いてきた統治構造を変えるべく出発をしたはずでした。しかし、革命というものは古今東西いずれにおいても必ず振り子の揺り戻しというものがありますから、勝手にかなりの期待してしまった有権者も、勢いに乗っていろいろ言ってしまった民主党も、役所寄りのマスメディアからの攻撃も受けて、そして何と言っても、未曾有の震災と原発事故に直面して、今やボロボロの状況です。

この間、政治主導を目指してさまざまな模索がなされました。今はもう復活してしまいましたが、閣議が行われるまえに官僚に都合のよいように調整をする役割だった、あの悪名高き「事務次官会議」は、官僚主導のシンボルとして政権交代直後は廃止させられてしまいました。[*1]しかし、予算の無駄をえぐり出す「事業仕分け」も、基本的には財務省がお膳立てしたリストに沿って生ぬるく行われただけで、政権交代後最初の予算編成でも、各任所大臣があたかも省の利益代表のようになって、有権者の期待を裏切りました。予算の組み替えどころか、既得権益は手つかずのまま国債発行も増え続け、借金体質はまったく改まることがありません。

そして、原発事故は、この国の政治がどれだけ官僚主導で行われてきたのかをあらためて明らかにしました。原子力行政は、経産省（旧通産省）と地域独占の電力会社と関連メーカーと専門家、その接着剤の役割を果たした政治家によって構成された「原子力村」によって進められてきたのですが、実質的には電力会社に何も言えない経産省が音頭とりとなり、大甘の規制で危険な原発をたくさん放置してきたことがわかってきたのです。[*2]放射能汚染によって自国民の人生プランを破壊し、かつその後の不誠実で不適切な事故対応によって対外的信頼を失墜させることで日本の国益を大きく損ねながら、この原子力村は経産省の飽くなき原発推進行政によって、さほど弱体する様子はうかがえません。利権と癒着した自民党から民主党に政権が移っても、基本路線に大きな変更もあまり示されません。

こうした状況を見るにつけ、何とも政治主導を実現するのは困難なものだと思わざるをえません。仕方がありません。何しろずっとそうやって官僚取り仕切りで政治行政システムは動いてきたのですから、そんな長い慣性で動いてきた制度やシステムを、数年やそこらでそっくり取り換えることなどできるわけがありません。でも、こういう構造がなくならないのは単に長くそうやってきたからだというわけでもありません。どうしてこうなのでしょうか。

●官僚が「官主導」を目指す理由

政治主導がなかなか実効的とならない大きな理由はいくつかありますが、それは極めてシンプルなものです。うまくいかないのは官僚が官主導を維持発展させるために、今日も絶えることなく懸命に努力しているからです。官僚は官主導を決して悪いことだと思っていません。政治主導などという悪夢が実現したら、日本も自分たちももうオシマイだくらいに思っています。官僚は官主導を心の底から求めているのです。

こうなる理由は、大きくいってふたつあります。第一に、官僚はこの国の政治の世界でいちばん優秀なのは自分たちであると確信しています。[*3] そもそも人間の優秀さの基準を一五〇年かけてつくり決めてきたのが当の官僚ですから、彼らが自分たちを優秀でないと考える現実的背景も理論的必然もまったくありません。[*4] 六十数年前の戦争だって、あまり頭のよくない軍人があれこれ決めたから負けたので、連中が退場したあとは、私たちの先輩たちの力で奇跡の復興を遂げたではないか。東大に入れなかったジャーナリストや二流学者や評論家連中が、早稲田や横浜国大あたりを出て、「偏差値偏重教育はよくない」などとガタガタ言ってるのがつねだったが、連中は俺たちを妬んでそんなことを言ってるだけで、自分の息子を血眼になって東大に入れようと大変なスパルタぶりじゃないか。まったく優秀なのも疲れるぜ。偉そうにすれば傲慢と言われるし、腰が低けりゃ慇懃無礼って言われるし。まあ、しょうがないな、優秀税みたいなもんだな、これは。さてと、また馬鹿大臣のためのレクチャー資料づくりでもするか。今日も終電だよ……。こんなことを今夜も霞が関のビルの一室でキャリア官僚が呟いているのかもしれません。

政治家が全員アホなわけではなく、少数ですが政治家にもなかなか有能な人もいて、そういう人たちと優れた政策をつくりだして、日本の舵とりをしてみたいものだとも官僚はもちろん考えています。でも政治家はやはり純粋に政策を突き詰めていけず、いつでも政治に巻き込まれて、党内事情や選挙区の状況を横にらみの体《たい》で生きていますから、仕事もいまひとつ効率が悪いのです。そこにいくと、官僚は選挙の心配はないわ、政治資金集めの地獄からは解放されてるわ、馬鹿議員のために国会での想定問答集をつくるという苦行さえやり過ごせば、連中よりもじっくりと政策に取り組めるし、勉強もできるわけです。必要な資料は、駒場のときのサークルの先輩や後輩が霞が関全省に散らばっているから、電話ひとつで手に入るし、ドイツ語のクラスで一緒だった奴らのうち一五人くらいが大学教授になっているから、専門知識の提供も楽々受けられて非常に利便性がよいのです。やっぱり馬鹿な政治家や選挙民には適当にいい気持ちにさせてやって、政策は我々がしっかりと仕切る。これだな。多くの官僚はこのように考えているはずです。

官僚はこうした能力とプライドを根拠に官僚主導を追求します。これは特別なことではなく、いわば官僚エリート集団の「生理」のようなものです。逆に言えば、国と社会が大変な費用を捻出して、彼らを育てたのですから、それぐらいの仕事をしてもらわねば困ります。*5 ようはそういうことです。誰もちゃんと言わないので、私がここで言います。

●国益ならぬ「省益」

官僚が官主導を貫こうとする第二の理由は、国家国民のためというたてまえとは裏腹にもうひとつ死守せねばならないものがあるからです。それは「省益」です。官僚にとって、自分の所属する役所は、現役だけでなく存命中のOBも含めて「○○省一家」を構成する巨大な組織集団であり、この一家を拡大し、維持し、そして発展させることが、官僚の大きな目標であり一家の掟なのです。これを損ねるようなことを言ったり、やったりした人間は裏切り者としてパージされます。大げさな言い方をすれば血の結束で身内を守る「マフィア」のような同族意識が要求されます。

官僚が省益を守るために鉄則としてしまったのが「予算と人事だけは絶対に外部の人間にはいじらせない」という、自分の役所以外からの干渉を徹底排除する方針です。つまり人事と省内予算の聖域化です。そしてこれは、別の言葉に翻訳すると**「退官・再就職システムと省権限配分**

システム」となります。「予算と人事」には誰にも手を触れさせないと聞くと、最初はなんとなく「まあ、各省それぞれ人事にも予算にも『お家事情』というものがあるのだから、よそから手を突っ込まれたら、いい気持ちはしないよなあ」という印象を持つのですが、もう少し考えるとこれがじつにおかしなことであることに気がつきます。なぜならば、ソニーの予算と人事にサンヨーが介入するのは変ですが、役所は納税者の払うお金で運営されていますから、この運営をコントロールするのは納税者であって、それを代行するのが政治家だからです。当たり前のことです。

ところが各省の人事、末端の人事までとは言いませんが、トップの事務次官をはじめとして、各局長、課長クラスといった、行政に直接的に影響を与えるポストに誰を当てるかは、「私どもの専権事項ですから外部者はアンタッチャブルです」と隠然と主張するのです。ちなみに法律上各省のナンバーワンの地位にいるのは誰かといえば、それは選挙に勝って立法府（国会）の議員となった人であり、議院内閣制ですから、その中から行政府の執行部として選ばれた各任所の大臣（閣僚）です。これは公務員試験を受けてなった者ではなく、政治任命です。だからこの大臣を除けば事務次官がナンバーワンですが、法律上は大臣の次なのです。そして、いまだにはっきりと有権者に伝わっていないのですが、この役所のトップエリートたちの首をはねたり、ロクでもない、役人の分をわきまえない、政治決定に公然と口を挟むような役人を閑職へと吹っ飛ばすことができる人事権を法律上持っているのは、選挙をくぐってきた大臣なのです。本当です。

予算についても首を傾げたくなるようなことになっています。省内予算といっても、それは職員の人件費や諸々の雑費を差し引けば、ようはその省庁が関与・監督している政策経費です。それは補助金であったり、省による計画事業費であったり、省が直接負担して運営している組織の経費だったりします。しかし、その基本設計と運用の最終決定は役所がやるのではありません。政治家が行うものです。ところがこの予算の大枠を政治家が組み替えようとすると猛烈な抵抗を受けることになります。

自民党政権時代は、各省の大臣、政治家はこうした長年の慣行を理解して、「まあ、そちらはそちらでおまかせするが、次の私の選挙の際に少々御高配賜ればね？　どうせ次の内閣改造までだからね」と言い、役人も選挙の直前の予算編成の際に、何気なくその大臣の選挙区の景気対策（補助金！）として、絶妙な予算の箇所づけをしてくれるという阿吽の呼吸でした。

こうした関係を無視して、「俺は地元の選挙区では信頼されてる。役人のやりたい放題は正さねばならない」などと愚かしい大人気なさを発揮して、予算や人事に干渉しようものならどれだけ恐ろしいことが起こるか、想像するだけでも身の毛がよだつほどです。[*6] 何しろ相手（官僚）は、情報をほぼ独占する軍団ですから、単身で勝負を挑んでも勝負になりません。抵抗できる者は派閥のボスクラスかもしれませんが、官僚がスクラムを組んだら、こういう領袖《りょうしゅう》クラスも簡単に潰されます。[*7] こうしたことが長年にわたって陰に陽に行われてきたのですから、どんな辣腕を振るう政治家であろうと、コストと便益を正確に計算すれば「触らぬ神に祟りなし」として、役人と上手につき合っていこうとするはずです。メディアが報道する際に使う常套句「官僚の抵抗にあう」というのはそういうことなのです（「抵抗にあう」などという中庸表現がすでに腰砕けです）。ほとんどのこれまでの大臣が、入閣した途端に妙に大人しくなってしまったのは、こうした官僚側からの隠然たるメッセージを理解していたのかもしれません。

●予算は権限、権限は官民組織と繋がり、繋がれば天下り

どうしてこれほど予算と人事を聖域化するのでしょうか。じつは、これは官僚が身内の力を合わせて官僚人生の既得権を守るためなのです。簡単に言うと彼らの生涯賃金のことです。官僚のポストはピラミッド型ですから、偉くなればポストの数は少なくなっていきます。キャリア官僚は同年入省組の横並びの関係で競争し、係長、課長代理、課長、局長とそれぞれの段階で振るい落とされ、最後に残った一人が事務次官となります。逆に言えば同年入省組のほとんどの人が事務次官になれずに退職していくことになります。通常は、誰かが事務次官となって退職しますと、同期入省組も一斉に退官します。五〇代でハッピーリタイアメントというわけです。しかし、若いころからキャリア官僚といえども俸給はあまり高くありません。本郷で同じゼミだった大手都銀に勤めた友人は、頭取候補で役所よりもかなり高い給料をもらっていますし、局長クラスになってかなり俸給が上がってきても、大学のサークル時代の友人である、年収四〇〇〇万くらい稼いでいる企業の顧問弁護士が、東京・渋谷の松濤に一軒家を買っているのに、自分は二子玉川

のマンションです。[*8] きつい仕事を国家国民のために（そして省益のために）三〇年以上やってきたのに、このまま退官ではあまりに報われません。大学の同期で自分よりも給料が安いのは、国立大学の教授くらいです。しかも、国立大学の退官はせいぜい六三歳くらいですから、それよりも何年も早く退官する自分の老後が気になるのです。

そこで、残りの七〜八年の職業人生を保証してくれるのが、民間企業や独立法人、公益法人などに再就職する天下りです。役所を退官したキャリアは、自分の出身の役所と関係のあるところへポストを確保され、第二の職業人生がスタートします。たとえば財務省出身なら、「日本銀行信用保証基金協会」（架空名です）とか、いかにもそれらしい名前の団体の専従理事や理事長におさまります。遅出早帰りで五時には麻布十番の蕎麦屋で一杯やることができます。年収は、税込みで一八〇〇万円くらいで、役所で最後にもらった俸給とトントンくらいですが、すごいのは三年ほど勤めたあとにもらう三〇〇〇万〜四〇〇〇万もの退職金です。ここを退職したあとは、今度は「関東特殊遊技場管理協会組合」（架空名です）の理事になります。ここも財務省の植民地です。ここでやはり三年勤めて、退職金を三〇〇〇万円もらいます。このように、各種団体を渡り歩いて役所の退職金と合わせてだいたい一億円くらいを稼いで、あとは共済会の年金と合わせて、安楽の老後となるわけです。

この再就職天下りシステムを整理するとこうなります。天下りをするためには、役所と業界が事業や行政を通じて深い関係を育てなければいけません。厚生労働省なら、たとえば薬事行政を通じて製薬会社と協働します。省を退官したOBは、この製薬会社の顧問となったり、経営に深くかかわるセクションに天下ったりします。会社の方でも、社内に厚生労働省OBがいることで、後輩である現役の官僚とつながりを持つことができます。現役の役人は、法治行政の建前がありますから、明らかにこの会社に便宜を図るようなことはできませんが、もし何か不祥事があったり、役所の立場では行政指導をしなければならないことが起こったりしても、退官が迫っているトップクラスの役人は、会社にきびしい態度が取れません。当然です。自分の天下り先の世話をしてくれる先輩が幹部として働いている会社ですから。もうあと数カ月で、自分が再就職することになっている会社にきびしい姿勢など貫けるはずがありません。薬害はこうして起こるのです。同じことが経産省と電力会社との間で起こり、原発の安全管理がほとんど機能しなくなったことは、普通の想像力で十分にわかります。

どうして官僚が予算と人事に手をつけさせないかはもはや明らかです。予算は、関連事業団体をつくったり餌を撒いたりするのに非常に重要です。外部のものに入られたら、これらの事業費、予算が国益を考えてつくられたものではなく、省益のために魔法のような手を使って捻出されていることがバレてしまいます。現在植民地として確保しているポストや役職に、誰と誰を送り込み、どういうふうににらみを利かせるか、どのような情報を送ってもらうか、あるいは現役の部下の前にぶら下げるニンジンとして、どの美味しいポストを使うか、そういうことの工夫や戦略はひとえに人事を通じて行いますから、これを外部の人間にコントロールさせるなど、まったくもって言語道断というわけです。この「○○省一家総合互助会システム」は、これらのパーツが連動してこそ機能しますから、邪魔者が入ると一家を上げての抵抗システムが作動しはじめ、改革は極めて困難となります。

したがって政治主導は、官僚を近づけないなどという単純な引き算でできるようなものではありません。官僚が省益だけを考えて、ほかは何もしないのならともかく、法に依拠して日常のルーティーンを運転させるための高い能力は当然不可欠ですから、この話はゼロか一○○かではなく、優秀な官僚がやろうとしている政策をよく吟味して、それが国益の美名の陰に隠れた「省益」でないかを注意深く見定めることです。そして、もし官僚が省益のみを追求するようなことをやったら、「大臣が人事権を発動して、いつでも首にしますから」という正しい政治判断の存在を陰に陽に示すことです。そのうえで政策の最終局面においては政治家が決断を下すというものこそ、実現されるべき政治主導です。重要なのは官僚の排除ではありません。「省益の排除」です。極めて困難ですが。

●官僚にもそれなりの報われる処遇を

私の知る官僚の中には、もちろんほとんどお金に頓着しない人もいますし、「国家に身を捧げたのだから」、あるいは「自分にはミッション（使命）というものがあるから」、天下りもしないし、そんなにお金はいらないという人もいます。でも、省庁一家を上げて再就職先をつくりだすことがこれほどのエネルギーで行われる理由は、単に一部の官僚が金に意地汚いということでは説明がつきません。

キャリア官僚は、身を捧げて、日本でいちばん難しい試験を受けて東大や京大を出て、公務員試験の中でも最も難しい試験もパスして、若いころは驚くほど安い給金で死ぬほど働いてきたのですから、そして五〇代で退官させるには惜しいほどの知識と経験と人脈があるのですから、そうした国益に貢献する人的資源をみすみす民間企業に放出する必要はありません。ですから、諸悪の根源の天下りは厳禁にすることを条件に、いっそのこと定年を六五歳くらいまで引き上げて、トップ一〇〇人くらいの官僚には、退職金を今の倍くらい払うことにするのもひとつの方法です。こういうことを言うと、また悪しき平等主義に冒された人たちが「どうしてエリートだけ特別扱いするのか」などと意味不明な文句をつけてきますが、トップ官僚はエリートなのですから普通の人と同じでは彼らも自尊心を持てません。エリートは特別に扱わねばなりません。官僚は普通の人とは比べものにならないくらい仕事ができ、同時に普通の人とまったく変わらないほど金と名誉には執着があるのです。誰がそれを責められましょう。

ですから彼らには次のようなことを言ってやってはどうでしょうか。

「有能な人として、これまで人民に仕えてくださって本当にありがとうございました。でも能力があるんだからもう少し働いてください。それがエリートの責任ですよね。それと、辞めたあと

も、利権やら何やらで、ハイエナのような連中が寄ってたかって、あれこれとあなたを利用しようとすると思います。この誘惑に勝つことは非常に大変ですが、アンフェアなことになってはいけないので関連企業や団体への再就職は禁止ということで。その代わりに、天下り一回分くらいの退職金の上乗せしますから、それでまあ、老後は何とかやってください。バイト？　もちろんたこ焼き屋をはじめるとか、新興宗教の教祖になるなんてことは禁止できませんから、そりゃもうお好きにしてください」

このように将来をある程度保証してあげれば、多くのキャリアはホッとして、純粋に国益にそって仕事をできるかもしれません。倍になった退職金と高くなった給料で予算出費も増えますが、公益法人に流れている気絶するようなお金に比べれば、官僚の給料の積み上げ分など芥子粒のような額です。でも、国会議員の議員宿舎の家賃が「安すぎる」などと馬鹿げた問題で大騒ぎするこの国で、このような改革について静かに語ることができるようになるまでには、大変な数のハードルを越えねばなりません。

＊1――事務次官会議というのは、各省が似たような構造の中で自分たちの利益を守っているということを暗黙の了解として、それをすり合わせながら「総体としての霞が関の利益」を大きく侵害しない範囲に収まる政策案だけを事前に振るい分けて、閣議に持っていくための、最終安全弁協議という談合の場でした。

＊2――この原子力村にとって、マスメディアは原子力の安全性をアピールする主要手段となりました。チェルノブイリが忘れかけられはじめた一九九〇年頃からマスメディアは、原発の危険性についてほとんどものを言わなくなってしまいました。

＊3――もちろん本章で考察の対象となるのは、いわゆるキャリア官僚のことです。

＊4――本当に優秀な人は、自分たちの優秀さが人間の能力のある部分にすぎないという謙虚な認識を持っていますが。

＊5――忘れてはいけません。東大は国立大学で、彼らが払う授業料だけでは到底あれほどの水準の教育プログラムは提供できませんし、足りないぶんを補っているのはさまざまな社会資源、つまり税金です。

＊6――まず選挙の際には、陰湿なる妨害行為を数限りなく受けます。あからさまに、財務省の査定で予算は削られ、「私にまかせてください。これぐらいのことなら私の裁量の範囲でどうにでもなりますから」と頼もしい返事をくれていた、ちょっと気になる案件が、なぜか次々と「事情が変わりまして、御協力できなくなりました」とされ、政治資金規正法に則って記載したにもかかわらず、やや甘い判断を含んだ部分の書類がコピーされて、野党の国対委員長のところに渡っていたり、地元の後援会の幹部の娘の結婚式に出席した際に、うしろに写っていた男が暴力団関係者であることを通知するファックスが、地元の地方紙の政治部や役所の幹部のところに届いたり、「わかった。俺が悪かった。もう勘弁してくれ」と降参するしかないようなことが次々に起こります。

＊7――故田中角栄元首相は、ロッキード事件で逮捕されたとき「東大とアメリカにやられた」と呟いたそうです。

＊8――若いころから身を粉にして働いてきて、とくに財務官僚ともなれば、予算編成の一二月に家族とクリスマスを過ごすなど現役時代から夢のまた夢で、昔二九歳で「前橋税務署長」だったとき以来、のんびりした記憶はありません。デスクの脇に簡易ベッドを置いて、二時間仮眠をとったらまた起きて、電卓を叩きました。国会がはじまりますと、明け方まで役所に残って翌日の予算委員会の大臣用の想定問答集を作成し、ふらふらになっているところへ有力議員から電話が来て、質問作成のための資料を持ってくるように言われます。苦しいですし疲れますが、同期のライバルとの激しい競争をしていますから、泣きごとは言っていられませんでした。彼らの仕事量がこのように大変なものだったことは事実です。

そもそも憲法がわからない

質問………憲法って、国民の権利と義務を定めたものですよね。だったらもっと愛国心とか道徳とかを書き込んだ方がいいんじゃないですか？　何と言ってもいちばんトップの法律なんだから。

回答………たしかに国民の「義務」についてもいくつか書いてありますけど、憲法が学校校則の親玉だと思ったら大間違いです。憲法は市民を縛るために存在するものではありません。「政府に」手枷足枷《てかせあしかせ》をはめるものです。だから道徳心を高めるようなことを書き込むのはお門違いです。

●憲法は法律の親玉か？

多くの人々は、憲法というものを社会に数ある法律や規則やルールの頂点に立つ、法律の親玉みたいなものだと考えています。「憲法は最高法規だ」と言われてきたからです。子供を諭す

「人のものを盗ったらいけません」からはじまって、マンション管理の規約、学校の校則、そして市の条例、国の法律、その上に君臨する大法典としての憲法という連想的つながり、いわばピラミッドのような秩序イメージなのでしょう。

そもそも、わが日本国憲法の「天皇」、「戦争の放棄」に続く、第三章は「国民の権利及び義務」というタイトルですから、憲法についての知識をいくらかでも持っている人の方が「国民の権利と義務」という部分に引っ張られ、このイメージを補強してしまうのかもしれません。第二七条には「勤労の権利を有し、義務を負ふ」とありますし、第三〇条には「国民は、法律の定めるところにより、納税の義務を負う」とあります。残念な小学生だった私は、この二七条の「勤労の権利を有し、義務を負ふ」という部分を読んで、「嗚呼、自分は学校を出たら一生働き続けなければならないのか」とうなだれ、働くことや遊ぶことの意味を深くわからず、「憲法に書いてあるのだから」、もはや働くことからは逃れられまいと、暗い気持ちになりました。第三〇条の「納税」の義務に関しても、金を稼ぐ苦しみも喜びも知らず、生きているだけでお金を取られるのだなあと思い、やはり憲法などなければいいのになどと思っていました。

その後、世界の歴史を学び、あの戦争の悲惨な結末を知り、自分の家族の中に空襲下を逃げまどった者がいたことを、また大叔父が戦死していたことなどを知り、それにも影響を受けて、憲法は大切なものだと思うようになり、またそのように教育されました。ただし、それはひたすら「第九条があるから日本はあれから戦争をしていないのだ」と言われることでした。つまり、憲法があったために戦争を放棄して、平和な国となり、そのおかげで君たちは兵隊にならないで幸せに暮らせるのだと言われてきたのです。理屈としては「憲法が平和を守ってくれている」というものです。こういう方針の下で憲法を学ぶことになっていたため、日本の子供は何よりもまず最初に学ばねばならぬことを理解していませんでした。それは、「憲法は政府から人々（people）を守るために必要な取り決めである」という、近代憲法の基本原則である「立憲主義」です。

●政府にはめる手枷足枷

立憲主義を最も重要な近代憲法の精神だとする立場に立てば、憲法が何のためにあるのかは、もうこの一点に尽きます。国家が権力を保持するとどれだけの暴走をする可能性があるかを、身をもって経験した先人たちは、いくつかの大切な柱を立てて憲法を創りました。[*1]

第一に、国家が生まれるためには憲法が必要で、憲法ができてはじめて「国民」が生まれること。第二に、できた政府が人間の基本的人権や自由を勝手に踏みにじることがないように、人々の不可侵の権利について、「これは死守されねばならない」と明文化させること。そして第三に、政府が統治機構を組織化する際にも、好き勝手ができないように「この憲法に書いてあること以外は、基本的にはやってはいけません」という原則をはっきりと記すことです。

この後者ふたつを扱う部分を近代憲法の「人権規定」と「統治機構」の二本立てと言います。このふたつが、「政府がなるべくいろいろなことができないようにしっかりと縛りをかける」という基本理念をふたつの次元で表現してあるのです。ですから、わが国の憲法の第三章のタイトルは「国民の権利及び義務」となっていますが、ここで示されているのは国民へのお説教ではなくて、「政府に足枷をはめるまでして守る不可侵の権利を持つ人間とは、共同社会を維持するために協力する人間であることが大前提ですよ」という確認の別表現に過ぎません。義務を守るのは当然で、そうでないと「私たちの権利を守れないから」と考えた方がわかりやすいでしょう。

●世界初の「紙に書いた憲法」

こうした立憲主義を代表する、人類がはじめて「紙に書いた憲法（成文憲法）」とは、世界史における新米の国アメリカの合衆国連邦憲法でした。[*2] 政府を暴走させないためのさまざまな仕掛けは、知れば知るほど、芸術の域に達しているように思えるほどです。そして中央政府が勝手なことをできない理由が、厳密な三権分立という原則のほかに、広大な領土に、十重《とえ》二十重《はたえ》に存在する、さまざまな種類の政府（州・ステイト、市・ローカル、郡・カウンティの各政府）が存在するのを見ても非常によくわかります。

でもそれほどよくできた憲法であっても、新憲法草案が大議論の後に合意され、全州での批准投票によってようやく成立した段階では、この人権規定部分がごっそりと抜け落ちていました。当時フランス公使としてパリに滞在していた、のちの第三代大統領となるT・ジェファーソンは、送られてきた手紙に書かれた、自分の留守中に議論された憲法案に権利章典に当たるものがないことに気がつき仰天します。そして慌てて手紙を書くのです。あなたたちがつくった憲法には人々（people）の侵されざるべき権利についての取り決めがありませんが、これほど忌々しきことはありません。[*3] 一体全体何を考えて、このような不完全な憲法をつくったのか。権利章典なくして、どうやって我々の自由を守ろうというのですかと、尋常ならぬ憂慮です。

当時建国の父たちは、王制や暴君から市民の財産や自由を守る権利章典が必要なことも、これが新しい政府を維持する根本的条件であることも深く理解していましたから、今さら憲法にこんな当たり前のことを書き記さなくてもいいだろうと思っていました。しかし、ジェファーソンは、その後多くの人類を圧政から救う、あるいは暴政と戦う根拠となる重要なことを言ったのです。「みなさん！　わざわざ書くまでもないではありません。そういう大切なことは絶対に紙に書かなければならないのです！」と。アメリカは、ジェファーソンの警鐘を受け止め、合衆国連邦憲法制定後、憲法修正条項として、数々の人権規定を後から書き足しました。産声をあげた幼い新国家に恐ろしい独裁者の手が伸びていたから必死で人権規定を加えたのではありません。みんながもうそういうことの大切さを、その欠けがいのなさをすでに精神態度の中に身につけているにもかかわらず、「それでもまだ不十分である！」として、憲法に書き足されたのでした。政府「から」人々を守るというエッセンスを、これほどまで大切なものとしているのが近代の立憲主義憲法なのです。だから、この部分の意味と重要性が理解されていないとなると、何のために憲法があるのかという入口がわからないということに等しいのです。

●まったく伝わっていない立憲主義

にもかかわらず、われらがニッポンでは、大学に入学したての一八歳が雁首を揃える教室で、「ご存じのように、憲法とは政府になるべく仕事をさせまいとするルール集ですが」と言うと、みんなぽかんと口を開けて「何っすか？ それ」という顔をしています。毎年毎年、繰り返されるこのやりとりに、また深く溜息をついて天を仰ぎます。「戦後六十数年、いったい先輩たちは、学校で憲法の何を教えてきたのですか（怒）」と。

自分たちの時代も憲法の話は九割が第九条の話で、高校卒業まで立憲主義の話はほとんど出てきた記憶がありませんから、私はあとから大学で憲法を学びなおし、今日の理解に至っているわけです。ですから、平成になって生まれた人々が、憲法の基本エッセンスをまったく学ばないまま、今この教室にいることは、本当はさほど驚くべきことではないのかもしれません。お前の時代だってそうだったじゃないかと。

しかし、時代とともに政治に対する人々の考え方も進歩と退歩を繰り返しつつ、政府のことを「お国」とか「お上」といったように権威主義的に受け止めている人々はもはや少数派に属します。そして、幾度となく政治に期待し裏切られ、何度も選挙が行われ、政治家の世代も入れ替わってきたのですから、小学校から高校までの間に、もう少しバランスのとれた、九条だけではなく立憲主義にもウェイトを置いた教育が行われてきてもよいではないかと、淡い期待を抱いていたのですが、やはりだめでした。断言しましょう。戦後の憲法教育では、立憲主義の意味はほぼまったく伝わっていないと。

●戦後憲法教育の結晶

現役の学生はこれから何とかすれば何とかなりますし、憲法とはと尋ねられ、「校則とかがでっかくなったもの」としか答えられないサラリーマンが大量に存在しても、それはこれまでの教育を考えればやむをえないかもしれません。それよりも何よりも心配なのは、憲法をつくり変える権限を行使できる人々、つまり立法府（国会）の政治家たちのレベルです。

二〇〇五年、当時与党だった自由民主党の憲法調査会の改憲プロジェクトチームが、「憲法改正プロジェクトチーム『論点整理（案）』」というものを公表しました（これはネットでも見られます）。自民党は、保守合同で結成された一九五五年以降、「自主憲法制定」を一貫して主張し続けてきました。これは自民党のいわば立党の精神とも言えるものです。これまでも自民党はたびたび改憲を訴え、旧社会党は改憲を阻止する衆議院三分の一を超える議席確保だけを政治的目標に定め、じつに不毛な議論が繰り返されてきました。二一世紀になり、社会党は消滅し、残党が流れ込んだ民主党内でも、もはや憲法九条原理主義者が少数派となる情勢の中、立党五〇年を迎える時期に、高々と憲法改正案を謳《うた》っていくための大切なステップとして、この自民党「論点整理案」は出されてきたのでした。

私は、この論点整理と改憲案全文を読んで、驚きのあまり呆然としてしまいました。それは、このプロジェクトチームの政治家たちが**「憲法に書きこむ類のこととそうでないものの区別」**がまったくできていなかったからです。[*4]残念なのは、彼らが理想を棚上げする利権ドロドロの政治家ではなかったことです。自民党は利権と腐敗とをぐって政権党となっていたわけですから(民主党もすでにそうなりつつあります)、なかには憲法などというものに何の興味もない本当に心がけの悪い政治家もいます。

しかし、こと憲法問題に関しては、これは金にも票にもならない、理想・理念、私たちにとっての基本原則にかかわるような問題ですから、このプロジェクトに関わった政治家は、己の信ずる理《ことわり》と、それを支えるそれなりの見識を持っている、相対的に良質な議員たちだったのです。彼らは、脳みそが昭和三五年以降停止してしまった旧護憲派の人々がパブロフの犬のように反応する「軍国主義礼賛者」などではありません。そもそも、自分たちの手で世界に誇れる憲法をつくりたいという欲望は、政治党派を超えて共有する未来展望です。つまり自民党の政治家の中でも比較的マトモな人々がつくった案がこの「論点整理案」なのでした。それならば、与党として半世紀以上も君臨してきた自民党の知性の到達水準がこの改憲案と言って差し支えないのでしょうし、言い換えれば、これが日本の有権者の憲法の理解水準だったのかもしれません。

まず総論に「新憲法が目指すべき国家像について」という項目があり、「国民自ら誇りにし、国際社会から尊敬される『品位ある』国家である」と記され、かつそういう像をはっきりさせることで「自然に『愛国心』が芽生えてくる」と主張しています。つまり、憲法に国家像を書きこむことで愛国心を育もうということです。しかも、新憲法は現行憲法がつくられたときにアメリカによって「置き去りにされた歴史、伝統、文化に根ざしたわが国固有の価値（すなわち「国柄」）や、日本人が元来有してきた道徳心など健全な常識に基づいたものでなければならない」のだそうです。

「わが国固有の価値」や「国柄」が何を指すのかはわかりにくいのですが、そのあとに、「少子高齢化の進展など新たに直面することとなった課題に対応」し、「人間の本質である社会性が個人の尊厳を支える『器』であることを踏まえ、家族や共同体が、『公共』の基本をなす」ものとして、憲法で重要な位置を占めなければならないと言っています。だから、固有の価値や国柄の中には、公に尽くし家族を大切にする人々が集った国というイメージがあることは間違いありません。各論の部分でも、国民の「社会連帯・共助の観点からの『公共的な責務』に関する規定」、「家族を扶助する義務を設けるべき」であり、国防や非常時の「国民協力義務を設けるべきである」と言っています。これは、利己主義を排し、アメリカ風の個人主義に毒された日本を、滅私奉公の美徳に基づく国に戻そうとする方向性を「憲法に書きこむ」べきだということです。

自分自身が誇りを持てる、国際社会から尊敬される、上品な国のメンバーでありたいという主張には、特別異質で奇妙な意味内容はありませんし、格別反論すべき点はありません。相変わらず「国」が何を指すのかが曖昧ですから[*5]、国家ではなく、「私たちはそういう人間になりたい人が集まってできた共同体です」と言うのがいちばんすっきりしますが、きっとそういうことと大差ないのだろうと思えば、そう思えないこともないものです。

人間の大切な器である「家族」についても、少子化が問題とされる今日、あらためて考え直さなければならない重要なイシューであることもまったくもって賛同します。家族とともに生きることの喜びと苦しみは、人間がただの二酸化炭素生産マシーンではないということの意味を教えてくれます。個人ごとにさまざまですが、概ね子供はかわいいものです。父母のいてくれる喜びも切なさも、永遠のテーマでしょう。自民党の人々が、そういう人間、家族、社会をもう一度取り戻そうと呼びかけていることもわかりますし、私の知る自民党の政治家は、本当に家族や子供を大切にし、忙しい公務の合間をぬって、家族に尽くしていました。私自身も、幸福なことに身内に無償の愛情を注がれたという実感を持って大人になりましたから、家族をめぐる今日の荒涼たる風景を前にやり切れない気持ちにもなります。つまり、この改憲案や論点整理に示唆されている内容、その価値観には真っ向から対立すべきものなどはほとんどないのです。こういうことを主張する人々は、おそらくみな温かい善人です。心許せる友人にもなりうる人々だと思います。

●それは憲法に書くことではありません

「しかし」です。「とはいえ」です。申し訳ありませんが、**憲法とは「国家像」などを書きこむものではないのです。**愛国心を持たせようなどといったことも書き込むべきことではないのです。

日本の国柄はこういう国柄ですと書くものでもないのです。家族の価値を大切にするべきだなどと憲法の書き込むことは、憲法の果たす機能を考えたら、まったくもって**御門違い**と言わねばなりません。少子化問題を解決できないのは、アメリカ流個人主義に長い間日本人が強い影響を受けてきたため、若者が家族を顧みることなく結婚もしないから「かも」しれませんが、憲法は憲法をつくった人々に指図するものでも、アドバイスを与えるものでも、人生の展望を示唆することでも、昔のお父さんのように命令することで人を安心させてくれるような類のものでもありません。憲法は、ひたすら「お国」の政府に対して、「あんたたちは調子に乗ると暴走するし、一度勝手なことをやりはじめたらもとに戻すのが本当にたいへんな代物なんだから、ここに書いてあること以外はやっちゃだめなんだよ」という「但し書き」なのです。拘束されたり、縛られたり、指導されているのは「国民」の方ではなく、政府の方なのです。先ほどから何度もしつこく確認した立憲主義の原則です。

改憲プロジェクトのみなさん。国《カントリー》を想う胸の内も社会を憂う心情も、家族を守ろうとする覚悟もわかります。大方、私と同意見です。しかし、そういうことは憲法に書く筋合いのものではありません。学校というところには、ちょっと気を許すと出鱈目をする動物まがいの生き物が大量にいますから、「異性交遊は原則として禁ず。例外的に認められた際には、必ず父母同伴を義務とする」などといったオールド・ファンキー校則を突きつけて、人生の不条理というものを教えてあげなければなりますまい。しかし、私たち有権者には、私人同士なら民法、社会的責任を取るためには刑法というふたつのルール集があって、たいがいはそのふたつで済みます。一人の人間がなす悪などは国家に比べればたかが知れています。でも政府の侵す罪と悪と過ちは、最高法規として、立派な但し書きにしておかなければ、後々取り返しがつかないことになります。繰り返します。一人の人間は国家以上の悪をなすことはありえません。「だから」憲法はダントツの最高法規とされているのです。

正しい理念や想いには正しい表現を与えてやらねばなりません。国家像や愛国心や国柄や家族の大切さを憲法に書き込むというのは、その大切な内容を書くべき場所を間違えているということです。警職法（警察官職務執行法）の文言に、「誇りと愛情と感謝を持たれる理想の警察官のイメージについての規定」を書きこみますか。ナンセンスですよね。警職法に書くべきことは「警察官が何をやってもいいということになると社会は暗黒となるから、警察官は職務質問をすることができるが拒否されたらそれ以上のことをしてはいけない」という規則です。私たちは、当たり前の常識に立ち戻らねばなりません。

●時代に見合った憲法へ改憲？

このように考えますと、「時代は移り変わり、国際環境も激変しているのだから、半世紀以上前にできた憲法は、時代の要請に応えられないものとして改憲すべきだ」という主張も、丁寧に解きほぐさなければなりません。とくに話の順番が大切です。時代が変わったから憲法もそれに応じて変えねばならないという順番は、本当にちゃんと成立するのでしょうか。ちなみにファンキーな校則「異性交遊は父母同伴で行うこと」は、親の同伴抜きで隠れて異性交遊をした結果、そのおかげで結婚もし、家族もつくった人々が産んだ子どもたちが、もはや教室の九九%近くを占めているだろうことが確実な今日、時代と折り合いませんから改正すべきものかもしれません。

しかし、憲法は違います。暴力の独占と主権の斉一性（複数は存在しないということ）を根拠とする現代国家に、何の留保もなく権限を与えるような（あるいは結果的に安易にそれを許すような）国家体制は、今日国際社会でまともな体制として認知されませんし、立憲主義という考え方以外で、今日国家の暴走を有効にコントロールできる理屈は見いだされていませんから、この原則は世界からの孤立を覚悟しない限り変えることはできません。[*6] それを前提にするならば、改憲の議論は「この立憲主義に照らして」不都合なところ、きちんと実効的となっていない部分、そしてより一層発展させていくべき点を、改正・修正するべしとなるはずです。愛国心を育むためとか、家族の価値を回復させるためとか、国柄をはっきりとさせるために憲法を改正するなどと言うと正面から改憲を考える人々とのやりとりがかみ合いません。まったくズレた話になります。[*7] もし、「国柄」という文学的表現内容に「より急進的な立憲主義を盛り込むべきだ」という話なら、それは立憲主義を時代遅れだとする議論と同様にありうる議論です。しかし、冷戦終結後の今日、アメリカ一国大国化と中国の軍事化という新しい状況となった「から」第九条を見直すというのは、論理的な展開ではありません。冷戦後の変化した状況、軍事バランスが変化した中で、「どのように立憲主義を維持・発展させられるのかに照らして」、「そのために必要な条文の改正があるならする」という論理なら、改憲の話はスジがとおります。第九条を後生大事にキープしていると立憲主義が危機に瀕するから、文言として補うべき言葉をつけ加える、あるいは文言そのものを変えることが必要だというのが改憲の理屈です。

●立憲主義におけるもうひとつの問題

そうすると、権利章典のようなものがあり、人々の不可侵の自由を守るための権力の分立した統治機構を備える私たちの憲法は、世界の常識の線を決して大きく逸脱しておりませんし、今のところ国民を地獄に突き落とすような軍隊や警察の手のつけられない暴走は起きていませんから、六五点ぐらいで合格なのかもしれません。ただし、それは「あの一点を除いては」の話です。

もし人権規定と統治機構の二本柱の立憲主義が基本なら、この国には人間であるのに人権も市民的自由も認められていない人々がいることをどうすれば説明できるのでしょうか。それは日本の皇室・皇族のみなさんのことです。彼らの家系の多くの人々には、選挙権、被選挙権、および職業選択の自由、信教の自由、おしなべて言論の自由がありません。また、民法上の権利がないため私有財産を持つ自由もありません。英国の皇太子は、ロンドンの大地主ですから、自分の財産を自由に処分運用できます。しかし、日本の東宮様は、ほとんど囚われ人のように自由がなく、懸命に公務に従事なさる日々です。真に御労《おいたわ》しいことです。立憲主義的近代憲法を持つ国家に、人権がない人々がいらっしゃるのですから。

皇室の皆様は、震災で傷ついた東日本の人々を励ましたり、世界の平和ために祈りをささげたりするために、まさに東奔西走の日々です。しかも、自分たちが予定以外の行動をとるだけで秒単位のスケジュールの変更が生じ、そのために関係者に大変な迷惑がかかるからと、ひたすら時間どおりに公務をこなさんと努力なさっているそうです。本当に申し訳ないことです。じつに非人間的な日々を強いられているにもかかわらず、なおも驚愕すべきほどの自制心で、まわりへの御配慮をされているからです。

立憲主義と人権に鑑みるならば、こういう方々の人権を考慮し、人間としての自由を享受していただくために、私たちはまさに真剣に憲法の在り方を考えるべきではないでしょうか。立憲主義を維持し確実なものとさせるためには、この問題を等閑《とうかん》に付すことはできません。私たちに直面する改憲問題は、「前文」の完全に崩壊してしまっている日本語の問題だけでも、多様な解釈を許しすぎてしまう九条の条文問題だけでもありません。私たちは、この日本に、己を捨て、民を想い、我が儘を言わず、恐るべき自制心を持って、前世代のもたらした戦争の犠牲者たちのために、世界中を訪れひたすら祈りを捧げ続ける仕事を、ただそれだけをなさっている人々がいることを忘れてはなりません。

もし憲法の見直しが必要だと考えるなら、このように冷静かつ論理的に考えるのが、大人の政治作法というものです。

＊1——本書では紙幅がないので取り上げられませんが、もちろん立憲主義にあまり重きを置かない憲法解釈もあります。本書では「政治学」の視角からの理解を前提にしています。

＊2——厳密には、アメリカのバージニア州憲法のほうが早いですが、便宜的にナショナルレベルでは連邦憲法が初としておきます。

＊3——たびたび、「国民」ではなくて「人々」と書く理由は、国民は憲法や国家が消滅すれば同時に消滅しますが、人々は存在し続けるからです。

＊4——憲法を改正するべきかどうかを論ずるのであれば、そういう機会に私も自らの考えをきちんと示そうとは思いますが、本書の目的は、「きちんと議論をするために基本的な誤解を解いておくこと」にありますから、これから書くことは、あくまでもその目的にそっての物言いです。自民党案に賛成か反対かという以前の問題です。

＊5——ステイトなのか、ネイションなのか、カントリーなのか、あるいは「納税者共同体」なのかわかりません。本書「そもそも国家がわからない」（九一ページ）をもう一度参照してください。

＊6——もし、この立憲主義の原則そのものが「時代遅れ」であるという、大変なチャレンジとしての改憲論議ならば、これはまた別の話です。

＊7——そもそも「時代に合わせて古い価値を復活させる」などという複雑な物言いに人々が納得してくれるとは思えません。

III
誤解されている問題

バラマキが誤解されている

質問……親がパチンコ代にも使えちゃう「子供手当て」って、結局バラマキじゃないですかあ？

回答……バラマキという言葉の使い方を間違えています。もともとは狭い一部の特定団体や利益集団にたいして、選挙での投票と交換に補助金をばら撒くことを指していました。あなたの言っているのは「人気とりの金配り」の意味です。もしそういうことなら、年金もバラマキだからダメとなります。

●言葉のインフレここに極まれり

昨今、政権交代後の政策を評価、批判する際に、政治家もメディアも有権者も、二言目には「それはバラマキだ」と言い、あたかもバラマキと批判しておきさえすれば、政治や政策批判が成立しているかのような有様となっています。子供手当てはバラマキだ。高速料金無料化もバラマキだ。震災復興は結構だが「バラマキ」はいかがなものか。そして、なんと政府による財政出動（税金から予算を拠出すること）はみなバラマキだからだめだとするような馬鹿げた言語状況です。[*1]

政府がお金を出すものが全部バラマキだということになれば、いったい何のためにこの言葉あるのかわかりません。こんなに何でもバラマキという言葉で片づけるなら言葉がある理由がありません。これはまさに言葉のインフレーション状況と言わざるをえません。[*2] 言葉のインフレは、別名言葉の「幼児語化」とも言います。赤ん坊は、パパやママやジイジやバアバやお寿司屋さんや薬屋さんや八百屋さんや魚屋さんなど、誰を見ても「ンマンマァ！」と言いますよね。これと同じです。子供手当もバラマキ、高速無料化もバラマキ、民主党政権の予算はバラマキ……。一億総幼児化です。

「それは人気とり政策だ」という言葉も同じです。ある政党がある政策や提言をすると、その政党を支持しない人たちは「それは人気とりだ」と非難します。でもよく考えてください。政党には、社会に広く存在する利益・利害を集約するという役割があります。そしてそれは選挙における得票や支持に直結しますから、すべての政党は公然と、正々堂々とある意味で「人気とり」をすればいいのであって、人気とりをしたことがその政党の評判を落とす、あるいは批判の材料になるということ自体がちょっとおかしな話です。逆に聞きたくなります。人気とりじゃない政策とは、つまりは評判の悪い政策ということですかと。評判の悪い政策は（本当は必要であっても）なかなか口にはできますまい。いったい政党を何だと思っているのでしょうか。その子供じみた物言いに絶句します。

●もともとの言葉の経緯

バラマキという言葉は、もともとは「政府が人気とりをするために国の予算からお金をばら撒く」という意味で使われたのではありません。この言葉は、一九八〇年代に成熟期に達した戦後日本の保守政治の構造やシステムを表現するための言葉でした。

一九七〇年代になると、高度成長が社会にもたらした豊かさとともに、その負の部分が顕著となり、それらを争点にしながら反自民勢力が比較的協力的な戦線を組んだため、七〇年代前半には全国の主要地方都市には、いわゆる「革新自治体」が数多く成立しました。たとえば、東京都の美濃部知事、大阪府の黒田知事、神奈川県の長洲知事など、都市部では、農村を中心とした当時の自民党の保守基盤とは異なり、勤労者や学生、若者、女性が、こぞって当時の社会党や共産党が推す候補を支持したのです。

ところが、七〇年代も終わりにさしかかると、労働組合の支持を背景とする革新自治体の財政運営は石油ショック、安定成長時代という環境の変化に対応できず、次第に旧自治省（現総務省）出身の統治エリートにとって代わられるようになっていきました。右肩上がりの成長の余韻を残すなかで、革新自治体の行った都市住民のための財政出動、公害問題に対応するための企業への規制などは、財界が支持する中央保守政治に対抗するような意味を持っていましたし、住民本位の政策の中には、今日の自治体の基本となっている優れた政策もありました。しかし、肥大化した行政組織と高い人件費などによって、次第に革新自治体は財政赤字に苦しめられるようになります。中央の保守政権の構造の中で、旧大蔵省や旧自治省が革新自治体に極めて冷淡な態度をとったことも、こうした事態に拍車をかけることになりました。

革新自治体の後退後、自民党は社会党や共産党に対するイデオロギー的な拒絶を煽るよりも、むしろ中央からの潤沢な補助金に依存せざるをえない地方企業の経営者たちがより効率的に仕事を受注できるようなシステムを、地方自治の代替システムとして提供しました。典型的なのは、中央官庁のキャリア、とりわけ戦前から隠然たる影響力を維持していた旧内務官僚系を支持推薦し、疲弊しつつある地方経済に直接経済的恩恵を与えることができるように「中央との直結」を謳い、国家予算の配分を円滑にすすめるパイプ役として送り込むやり方でした。これが功を奏し、八〇年代の地方首長選挙では、ばたばたと革新自治体が敗北し、保守政党＋自治官僚＋地方企業（建設業）という手堅い構造がこれに取って代わりました。[*3]

これによって地方政治では何が起こったかといいますと、それは争点なき「総与党体制化」です。もともと日本の地方政府は、財政的自立性に乏しく、全自治体の七割くらいは基本的には地方交付税交付金という総務省の補助金によって、その最低レベルの行政サービス水準をなんとか維持しています。[*4]また地方議会に予算編成権限がないために、[*5]自治体は自分たちが住民の代表として主体的に「おらがの町」を運営していこうという意志が希薄です。そうなると公共事業、事業発注、そして旧内務省系エリート官僚という自称「地方自治のプロ」がもたらす計画と知恵が、このシステムを通じてもたらされることが確実となれば、それに乗っかって与党議員としての種々の旨味《うまみ》を堪能していたほうが、地方政治家としては果実が大きいのでした。

たとえば、一九九五年に大震災に見舞われた神戸市などは、別名「神戸株式会社」と言われ、何と共産党をも含めた全政党が与党として知事を支える、まさに大政翼賛会のような事態になっていました。神戸ほど露骨ではありませんでしたが、多くの県では争点をめぐって健全な競争のない総与党的体制が多勢となりました。中央から自治官僚ＯＢが自民党の推薦を受けて出馬すれば、社会党が独自候補を立てないために、最初から基礎票が五％しかない共産党が敗北確実の状況の中で対立候補を立てるという、やるまえから勝負がついている知事選となりました。これは地域の有権者の関心を著しく低め、選挙のたびに史上最低投票率を記録するような事態となってしまいました。

●公共事業と「利益誘導」

こうした「政治＝公共事業の配分」という図式は、自民党が選挙を繰り返すたびに政権を維持できるだけの支持を得るための基本図式でした。日本における公共事業というものは、とくに敗戦からの復興を経て、豊かさの底上げをする高度成長という歴史的文脈からすれば、とにかく社会資本整備を全国津々浦々にいたるまで広げることを意味しました。たとえば「下水道普及率」

などを見ればわかりますが、基本的な社会資本が満たされていない地域もまだまだありますから、そうしたもののために主として都市部の富裕な納税者の負担した税金を地方の社会資本基盤整備に使うという政策は、いわば「所得の社会的再分配」、すなわち広義の福祉・格差是正機能を果たしていました。その意味では、本筋の部分では公共事業は全国あらゆるレベルの社会をもトータルに維持するために不可欠なものですし、この課題はどの政党が与党となっても、適切に運営されなければならないものです。

しかし、自民党が八〇年代を頂点としてつくりあげたこのシステムの最大の問題は、そうした事業が結局は誰にとっての利益をもたらすかというポイントを曖昧にするものでした。つまりこのシステムは、「公共」の意味を合理的に確定するにはあまりにも融通無碍な、よくいえば柔軟な解釈も可能な、悪くいえば「公共」の名のもとに「特定集団・団体」への利益配分という、偏った配分を固定化させるものだったのです。利益誘導という言葉は、まさにこうした構造において、たびたび生じた事態を端的に表現する言葉です。

税金の拠出は、たったの一円でも、お金が出ていくことを裏づける法律が必要ですから、ある地域のある村と村を結ぶ橋をつくるという事業には、それが最終的には日本の納税者の利益となるのだという（建前ではあっても）、ある程度は説得力のある理屈が必要になります。新潟や島根の田舎の橋の建設が、東京都目黒区の住民にどんな利益をもたらすかは不明ですが、「地域の発展が都市部の発展と車の両輪のような関係にあるのだ」とされれば、そうかもしれないとなるわけです。

他方、いくら公共事業と言われても、納得できないものもたくさんあります。田舎の県道を車で走っていると、のどかな田園風景には似つかわしくない豪華な公民館が不必要なまでに林立しているのが目に入ります。見てみると、ほぼまったく同じ機能を果たしている公民館や「○○健康センター」などと命名されている箱モノが重複しながらいくつも存在していることに気がつきます。こうなってくると、これがどうして「総体としての日本国民の利益」になるのかを説明するのも困難となってきます。つまり、日本国民の利益と謳いながら、実際はある特定地域の特定の人々の利益と便益に利するに過ぎないものとなっているわけです。

不必要な箱モノを見るにつけ、いろいろな疑念がわいてきます。これは社会資本整備というよりも、公共事業に当てられる予算枠を消化するためにつくられたものではないのか。あるいは前回の選挙ではあまり票が出てこなかったために、その後の公共事業や補助金においてやや冷遇された地方のゼネコン、企業グループが政敵に寝返られても困るという配慮から、政治グループから離脱しないための餌として、必要のない公民館建設の事業発注をしたのではないかといったものです。一日に車が二台くらいしか通らない「スーパー林道」整備計画に、何百億という予算が使われる例も同様です。国民全体から見れば本当にわずかな人々、狭い部分利益、利益団体、圧力団体、私企業の選挙における協力、票と引き換えに、本当に必要かどうか疑わしい大規模建設事業発注を行うこと。バラマキとはまさにこうしたことを指して使われた言葉なのです。**子供手**

当てとはまったく逆です。「一部の業界への票と引き換えに公共事業や補助金がバラマカれる」というのが本来の言葉の使い方です。

●幼児語によって阻まれる本来必要な議論

昨今、バラマキという言葉がこれほどインフレを起こしてしまったきっかけになったのは、おそらく二〇〇九年の政権選択選挙でしょう。このとき自民党は、民主党を攻撃をするのに「財源の保証もないのにあれもこれもやりますと口約束をバラマいている」と言いました。ですからこういう悪意の捻じ曲げ語法が援用されて、国民への直接給付や所得の再分配的政策をすべて「バラマキ」とすることになってしまったとも考えられます。こういう強い政治の言葉が広がっていくときには、マスメディアやジャーナリズムは、よくよくそのニュアンスに気を配って報道しなければならないはずですが、昨今はあらゆるメディアがほとんど何も意味を考えずにこのフレーズを撒き散らしています。

この言葉をめぐる混乱状態自体もじつに困ったものなのですが、それよりももっとまずいのは、この言葉をきちんと限定して使わないと、今日曲がり角に来ている日本の国家財政運営に重大な影響を与える決定に、有権者が正しく問題を理解して関与できなくなることです。「子供手当て」をめぐる議論を例に考えましょう。

子供手当ては、民主党が「先進諸国と比較しても、日本においては教育に政府が直接執行する予算が非常に少ない」という判断から、[6] これまで家庭に過剰なまでにかけられていた教育の負担の比率を下げることで「総体としての社会の教育のレベルを向上させる」ためにつくられました。つまり、一億総中流である日本社会ではおおよそみな平等に学校教育を受けられるという、幻想のような過去の基本認識をすっかり覆すような格差の現実が明らかになるにつれ、このままでは裕福な家庭に生まれたもの以外は十分な教育を受けることができない社会になってしまうから、そして国家が直接すべての教育機能を果たすことが理念的に許されず、現実的にも不可能であるから、政府が社会の自立を促す目的で予算的介入をするということです。

これは、厳密に区別すれば福祉的な「所得の再配分」政策ではありません。もし、そうならば高額所得者はこの制度からはずすべきですし、今日多くの人が批判するように子育て世帯への直接給付ではなく、悪名高い待機児童を解消すべく大量の保育園をつくり、保母さんではなく「保育士」をより尊敬される職業へと格上げさせる政策となるはずです。これに対し、「現行の制度は社会全体で子供を育てるという理念を体現したもの」と、民主党は曖昧な説明に終始しましたから、それはそれとして言葉足らずなのですが、いずれにせよ、子供手当は「高福祉的政策」だから駄目だと非難される筋合いのものではないということです。

ところが従来の福祉的な給付、母子家庭補助、障害者補助、失業対策といったものも、子供手当ても、そして老人医療制度も、味噌もなんとかもすべて一緒くたにして「バラマキじゃないですかあ！」と言葉のインフレが起こるため、恐るべきことに「国家が社会に対して直接間接に給付を行うものはすべてバラマキであるからだめ」という、政治的スタンスでいえば、相当に極端なリバタリアニズム（市場優先自由主義）のような主張が、政策の位置としては穏当だとされてしまっていますす（そんなことは誰も考えていないのに!!）。

こうなるとこのバラマキ批判は、明らかに政策批判ではなく別の意味を持ちはじめます。つまり民主党を引きずり降ろすために、ある党派の人たちが悪意と政治的効果を狙って使ったバラマキ批判がなされているという意味です。そしてレッテル貼りのような非難が重ねて行われ、気がつくと、弱者や資本主義的競争に敗北した人々が立ち直る契機をすべて失わないために社会が用意せねばならない社会的ネットとしての、さまざまな福祉政策や所得の再分配政策一般が「バラマキ」であるという理由で否定される事態になります。そして、あの労働組合の利益ばかりを気にしているサヨク的民主党政権のもたらす「社会主義政策」を打倒せよなどという、荒唐無稽な批判となって、二一世紀の国家に与えられている諸条件を否定するような馬鹿げた話となってしまうのです。この言葉の影響は思いのほか大きく、一般の有権者のみならず、劣化した昨今の政治家やジャーナリストも、かたや「弱者に優しい政治を！」と言いつつ、他方で何の矛盾もなく「バラマキだから老人医療制度はだめ！」などという頓珍漢なことを言ってしまうようになるのです。

所得の再分配がバラマキだからだめなのだということになれば、年金制度は絶対にだめです。今日、民主党も自民党も、新たに構築すべき年金制度の基礎部分において、ある程度の税金が使われざるをえないことを認めています。つまり、所得の高い人々から集めた税金を使って、もはや老齢化が進んで働けなくなった所得のない人々の生活を支える年金制度を維持するのですから、今後計画されている年金制度は、純粋に所得再分配政策です。今日、バラマキという言葉をいい加減に使っている人々、マスメディアがきちんと言葉の振り分けをしないためにそれに乗せられてしまっている人は、本当に年金はバラマキだからだめだと思っているのでしょうか。そんなことはありません。もし年金制度が崩壊してしまったら、今日切なくも年間三万人も出てしまっている自殺者の数は、老齢者を中心に将来その何倍にもなるでしょう。そんなことになることを放置するほど、私たちの社会が愚劣であるとは思えません。

今日の民主政治では、完全なる国家管理による介入的社会主義も、すべての財の配分を市場のみに委ねる素朴な自由至上主義も、ともに現実的選択とはなりえません。私たちの社会は、そのときどきの状況によって、政策ごとに、社会領域別に、部分的に、そして適切に介入すべき場合は介入し、社会に委ねるときには委ねるという、混合型の国家と社会の関係を築き、それを民主的手続きを通じて微調整する以外にないのです。これだけの巨大な経済と高度なテクノロジーによって構成されている政治や社会において、「介入する国家」か「自由放任国家」かなどという、大雑把な二項対立選択肢が現実的なわけがありません。私たちは、自由な競争を通じて活力を維持し、同時に部分的に介入主義的で社会民主主義的な再分配を行う混合的やり方以外で、もはや社会を維持できないのです。[*7]

これに加えて、甚大な被害を被った先の大震災の復興と、人々の生活や人生プランを根本的に変えさせるような原子力発電所の事故とその後始末という巨大な問題が、このことにまた新しい影を投げかけています。もしバラマキがダメ、しかも聞いてみれば「全国民にバラマくから無駄」などという幼稚な話が根拠となってダメということになれば、誰の責任でもない大地震の補償を政府がするなどということは理屈としては許されないものということになります。地震の復興にかかる莫大な費用を「バラマキだからダメ」などと言うのでしょうか。原発事故においても、とんでもない人災によって今日の事態となっていることが日々明らかになって、電力会社の責任をきびしく問う声がありますが、会社が解体的レベルまで自己資産を吐き出して補償に充てても、何百万という（間接的損害を含めれば何千万）人々への補償は、一電力会社単独では現実には無理でしょう。そうなると、事実上一社独占で半国営企業のように経済産業省と手と手を取り合って運営してきた経緯から、国民が何らかの形でその補償に手を貸さざるをえません（じつに立腹すべきことですが）。もはや、納税者の負担した税金を国家が司令塔になって配分する、必要なところには直接介入するといったことが喫緊の課題となっています。

そんなとき、今日の「バラマキ」などという、現実を何ら分節化できない言葉と、その大雑把な認識によって、この事態をどう考えることができるのでしょう。おそらく無理です。もちろん「こんなときだから社会主義的政策を」と言っているわけではありません。「バラマキ」のような幼児語が跋扈して、大人がまっとうにものを考えることができなくなると、どの政策領域には介入主義的政策が必要で、どの政策領域では民間活力をメインにするかといったような、大人の現実的判断と政治的見識を成熟させることができなくなり、それでは今後の私たちの社会を何とか微調整しながら維持していくという、面倒だがやるしかない仕事が暗礁に乗り上げてしまうのです。社会主義か資本主義かではありません。民業を圧迫する国家介入を避ける領域と、社会の自立を助けるために当座必要な国家介入を丁寧に腑分けするために、バラマキという幼児語は百害あって一利なしだということです。

この言葉の使い方は間違っています。あるいはその意味が変化したならば、政治家もメディアも、有識者も新たな言葉の再定義をするべきです。そうでないと、私たちの社会にとって極めて重要な事態を表現する適切な言葉が失われるだけでなく、その大雑把な言葉の持つ悪しき機能によって、重大な結果を招くこともありえます。

＊1――バラマキ批判に晒された子供手当て制度は、その後総理大臣を辞めさせるという政治的目的のために利用されて、廃止されてしまいました。このことは、バラマキ批判がこの制度の政策批判としては本質的なものではなかったことを証明しました。

＊2――「言葉のインフレーション」とは、本来はは《ママ》み出ているようなものも何もかも、ひとつの言葉で説明してしまうことです。

＊3――美濃部革新都政の後を引き継いだ鈴木俊一知事などは、まさに典型的な旧内務官僚でした。

＊4――いわゆる「三割自治」と呼ばれる実態です。

＊5――つまり日本の地方議会は自分たちで予算案をつくることが権限上できず、首長や行政官（助役や副知事）がつくった予算案に対して「質問」ができるに過ぎません。

＊6――日本における全公共支出に占める公教育予算の比率は、ＯＥＣＤ諸国の中でも最低位クラスです。

＊7――本書「資本主義は今や切ない」（五二ページ）を参照してください。

サヨクが誤解されている

質問……サヨクって、日本人と国家を否定的にとらえる自虐的人間ですよね？　いつも徒党を組んで卑怯なことをするし、策略と謀略をたくらむキモい連中ですよ。

回答……左翼的人間とは、人間の理性を信じる楽観的進歩主義者であり、かつ急激な世界変革を求めるため、政治や経済においていくつかの点で自由の制限は仕方がないと考える人たちです。今は少数派になりましたが、それは問題がなくなったということではありません。彼らが残した宿題は未解決です。その宿題を考えるためには「サヨク」という幼児語は何の役にも立ちません。

●「特別」であり同時に「当たりまえ」の左翼

今日、「サヨク」とカタカナ表記されるこの言葉に含まれる意味に、ポジティブな意味は何もありません。これはひたすら「ある連中」を指す蔑称です。そもそもサヨクと言挙げされるということ自体が、この言葉に昔から染みついている特別なニュアンスを表しています。明治国家においては、「真善美」といった人間の内面的価値が個人の良心をくぐって表現されるのではなく、国家そのものによって体現されることになって、その解釈が独占されました。このため日本では、自分がどのような理想を信じるのかという、その信念の内容ではなく、真善美を体現する国家の支持する価値以外の信条や考えを「持つこと自体」が、政治的にヘンだということにされてしまいました。そういう変わり者は、戦前は「主義者」と呼ばれ、現在も「普通の人間は特別な思想などにはコミットしないものだ」というとんでもなく特別な思想が脈々と生き続けています。[*1] その意味でとにかく左翼は特別な奴らというわけです。

逆に左翼思想を信じた者たちからすれば、左翼とはあえてわざわざ自称する必要もないものでした。[*2] なぜならば左翼とは、世界をトータルに評価し批判する視点を持った人間、すなわち「社会科学的人間」のことであって、まっとうに世界と人間を考えている人間は、そもそも左翼でしかありえないのであって、人間のことを「肺呼吸をする人間」といちいち表現しないのと同じだと考えたからです。左翼とは、そのような二〇世紀のインテリ（知識人）の別名だったのです。世界の矛盾と歴史の必然を理解した人間は、マルクス主義的社会分析と同義である社会科学を「学ぶ」だけでなく、同時にこの矛盾に満ちた世界を社会科学的に「生きる」のだというのが、左翼の共通認識でした。

●批判されるポイントの変化

じつは、マルクスの想定した歴史のシナリオは、二〇世紀の初めにはほとんど外れてしまいました。資本主義の世界で資本を持つ階級と持たない階級との間の対立が最も強まるのは、資本制生産システムが最も発展したところです。そして最もひどくなった対立が労働者革命に結びつき、それは人間解放の歴史の歯車をまたひとつガクンと進めるというのがシナリオだったのに、そうなりませんでした。現実に起こったのは、資本家も労働者階級も極めて少数しかいなかった、ほとんどが兵士と農民ばかりだったロシア革命（一九一七年）でした。その後の指導者たちは、よちよち歩きのソ連を外国の干渉から守り、社会主義と近代化を同時に進めていくのに相当な無理をして、結果的に暗黒のスターリニズム（独裁者スターリンによる全体主義的支配）を招いてしまいました。第二次大戦後は冷戦下東側国家を束ねてアメリカに対抗しましたが、経済的な破綻を契機に一九九一年ソ連はその歴史的役割を終えました。

実在するものとしての東欧社会主義諸国が崩壊してしまったため、左翼という言葉も経済や歴史を語るところから離れて、私たちの社会では今やある種の精神的病いを表現する言葉であるかのように、特殊な位置づけがなされてしまっています。*3 つまり、もはや左翼というものの評価は、「主義者だから排除する」という馬鹿な理屈はもちろん問題外であるにしても、かつてその言葉が示した中心部分にある社会主義的価値観すら、もう評価の対象ではなくなりました。今日左翼がカタカナで表記される特殊な連中として蔑まれ、一部の人によってひどく嫌悪される最大の理由は、サヨクが「社会主義的であるから」ではないということです。ここは大事なところです。

かつて社会主義がどうして警戒され、つぶされてきたかといえば、それは人間が生産した富をどのように分配するかというやり方において、既得権益を死守する人々が平等な分配方式への移行を拒んだからです。これは「分け前が減る」という素朴な損得勘定だけではなく、具体的かつ伝統によって重ねられた経験や人間の多様なあり方を全部リセットして、平等のかけ声の下に富の分配を強引に行う革命に対する、文化や文明論の側からの反対も含まれていました。つまり銭金の問題のみならず、そんなに急激に世の中を変えることを死者の声の積み重ねとしての伝統や慣習や文化が許容しないぞという批判です。

しかし、社会主義者のサイドからすれば、経済的不平等で苦しい生活を強いられるのは今を生きる人間の問題でしかありえず、そして富を生み出すやり方が一部の人間（資本家）によって独占されているのだから、そこのところをまずは変えろとしか言えません。もともと社会主義（socialism）の「社会（social）」という言葉は、生産手段を一部の個人ではなく「社会が共有する」というところに力点が置かれていたことを表現しています。それを基本に人間が生産をすれば、まさに額に汗する者が自らの生活と実感と計画に基づいて富の分配がなされるのだから、世界は平等に向かうのだと思われていました。このように左翼の大切にする基本的価値とは、富の平等な分配だったのです。

今日、サヨクとレッテル貼りをする者たちの頭には、社会主義に含まれたこのような経済的次元を起源とするような発想はほとんどありません。というよりも、むしろ依然としてそこを問題にして、粘り強く左翼批判をし続けている言論人は、決して「サヨク」などと軽薄なカタカナ表記を使いませんし、マルクスのマの字も知らずに左翼を感情的に批判するような低レベルな手合とは政治的にも知的にも連帯するつもりはないようです。まっとうな保守にとって、左翼を「サヨク」と表記する者たちの存在は、今日迷惑以外の何ものでもありません。一緒にしてくれるなということです。

●「サヨク」＝陰謀と謀略の政治主義

じつは、サヨクが嫌われる理由は、そうした古典的な対立を理由にしたものではなく、むしろサヨクの持つ（とされている）過度なまでの政治主義、そして人間を置いてきぼりにした組織至上主義にあります。これはときとして、「サヨクの陰謀」、あるいは「サヨクによる歴史の捏造」という言い回しで表現されることで、サヨクの考えている理念ではなく、汚く恐ろしい彼らの「やり口」に強調点が置かれています。

政治主義とは「すべての出来事を政治的な党派対立の図式の中で考え、判断する考え方」のことです。たとえば、理屈の上では共産党員にとって生活のすべては闘争です。そして自分たちの行動がどれだけ党の政治的勝利に寄与し貢献するかだけが、彼らのすべての判断の基準です。*4

そこでは、「等身大の人間の普通の気持ち」など、「階級意識としていまだ低い段階にあるもの」

と、一顧だにされるものではありません。そうした精神は、革命的人生を送るために必要な強い気持ちを獲得できていない弱い精神なのであって、ただただ克服されるべきものです。そして、そんな弱い気持ちに左右される者は、日和見主義へと転び、必ず歴史に逆行する勢力に取り込まれ、栄光の革命を裏切ることになるとされてしまうのです。

今日のサヨク批判は、この非人間性に対する非難とかなり重なります。こうした党派至上主義、政治主義は、口では人間の真の解放などと言いつつも、いつの間にか本当に守るべきものを見失い、市民的自由（言論やその他の基本的人権）を犠牲にすることになります。革命を目指す党にとって、第一の目的は何よりも労働者の解放ですから、この基本目的に批判を持つ党派は、すべて革命の足を引っ張る連中であって、そうしたスパイたちは徹底的に排除しなければなりません。そうなると共産党が支配する世界では、当然複数の政党が存在する理由がなくなります。だから総意としての革命の大義は、それに疑念を突きつける言論をすべて排除します。彼らの理屈からすれば、言論の自由などは、所詮は市民的（ブルジョア的、富を不平等に分配する）自由なのであって、そんな欺瞞に満ちたものは共産党の政治・組織至上主義と相入れない関係にあるということです。

右翼系の政治団体が、政治運動の現場で共産党系の人たちと直接対峙したり、ナショナリスト的傾向の強い集団が、やはり政治活動の一環としての裁判闘争などを通じて、共産党系司法関係者（自称人権派）と衝突したりするときに、こうした政治主義的な共産党のやり方に対する批判は、大きく増幅されます。このときになされるサヨクへの非難の言葉は、「富を平等に分けるシステム」のような経済思想の言葉ではありません。そこではお互いがひたすら「あの汚い陰謀と謀略にまみれた全体主義ファシストども」と罵りあう、血で血を洗うバトルになります。

サヨクは口では人権などと声高に唱えるくせに、その本当の目的は自らの党派のための政治的動員と市民の政治利用なのであって、人権などという普遍的理念の仮面をかぶり、結局は本当の意味で人間を大切にすることには何の興味もない「政治屋」なのだと、保守派は糾弾します。昔の左翼は人民の幸福を（間違ったやり方でしたが）考えましたが、今日のサヨクはそんなことを最初から考えず、ひたすら政治的、党派的な勝利を自己目的とするアブナイ連中だというわけです。

●「サヨク」＝自虐

サヨク批判のもうひとつのニュアンスとは、サヨクは自虐的だというものです。御存知のように、自虐とは自国の歴史に対する認識が自虐的であるというあの自虐です。左翼は戦争というものを「本当は国境を越えて連帯して資本家と戦わなければならない人々が、軍国主義者に先導された国家単位の争いに巻き込まれて資本家である死の商人の利益のために利用され死んでいる」と分析しますから、あのアジア・太平洋戦争の歴史解釈の議論になりますと、自虐派とは異なり「軍国主義者と独占資本の連合統治エリートがアジアに対して帝国主義的侵略をなした」という話になります。これはサヨク批判をする者たちからすれば、自国の歴史をひたすら罪悪感を持って否定的に記述する、国家の権威と伝統をないがしろにする自虐的な態度です。[*5]

奇妙なのは、こうした批判がなされると、いつの間にか批判される対象と蔑称「サヨク」の関係が逆になることです。つまり「サヨクは自虐だ」という強引な決めつけが、今度は順番が変わり「日本の歴史に対して自虐的な歴史観を持つ奴らはサヨクだ」となるのです。この期に及んで、サヨクという言葉は、もともとの左翼の理想、人間の解放を社会経済諸条件を変えることで構想するという原点から完全に外れてしまいます。もうスタート地点はどこに行ったとばかりに、対米、対中、対韓いずれにおいても、歴史解釈の相対性と自虐的解釈性を持ちこむような、曖昧で妥協的な態度を取るような弱腰な奴らは、あのサヨク連中に洗脳された人間であり、真実の歴史を誰に対しても主張することができない、サヨク的な人間なのだということになるのです。こうなるともう富の平等な分配や貧困の克服を主張する左翼の持った社会経済的イデオロギーとは何の関係もない、単なる政治的ラベリングと言わざるをえません。[*6]

じつは、こうしたひとりよがりな言葉使いによって、保守派の政治グループは分裂的状況に陥っています。健全なナショナリズム（そのようなものが存在するかどうかも結論が出ていませんが）を真剣に模索し、自国の歴史への敬意を持ちつつ、同時にあの一五年戦争の政治的な失敗を真摯かつ合理的に顧みて、同じ過ちを繰り返さないためにも、今日の世界秩序を冷静に構想しようとしている、良識的な保守派は「サヨク＝自虐」という大雑把な言説を撒き散らす人々との政治的連帯をすでに断念しているものと思われます。

●進歩という信仰

このような反自虐派の人々の大雑把な言葉の使い方とは別に、そして政治主義や党派主義以外の次元で左翼を批判的に性格づけるならば、それは彼らの政治経済理論が抱える基本的性格にもう一つの焦点を当てるものとなるでしょう。彼らの非常に楽観的な考え方のひとつは、彼らの歴史を見る態度にあります。それは歴史における「進歩主義」と、社会変革に関する「急進主義」というものです。イギリスの保守主義者E・バークがフランス革命を批判した際の物言いを思い出します[*7]。

マルクスが唱えた理屈の根っこの部分にあるのは、ひどく出来のいい資本の分析とは対照的な、ひどく素朴な「歴史の発展法則」です。この考えによれば、世界には必然的に歴史の歩みという物語とシナリオがあって、かつその物語はマルクスの御師匠さんだったドイツの哲学者ヘーゲルが言うように、人間の精神がどのように成長していくかというような話ではなく、人間が自分たちの生み出したモノとの関係を通じてどうやって歴史をつくっていくかという、物質が精神をつくり出すという話です（史的唯物論と言います）。そして、先にも少し触れましたが、人間の共同体には生産と分配をめぐる経済利害が折り合わない「持つ者」と「持たざる者」との対立があって、その衝突が歴史発展のエンジンで、それによって人間は進歩するということになっているのです。これは左翼思想・左翼信仰経典のイロハの「イ」です。

　ところが、長い人間の歴史を振り返っても、その歴史の全体を評価するには、生産の発展という人間の能力だけを見てもわかりません。人間は精神的にも退化したり、退歩したりする可能性をたくさん持っているのですから、たとえば産業革命によって、内燃エンジンがつくられて、爆発的動力を得たからといって、つまり人間が自然をコントロールできたとしても、社会的秩序をコントロールできるとは限りません。そういう能力が経済発展と連動するはずだなどという理屈は、とても危うく、あまりに楽観的な、ひどく言えば根拠のあやふやな妄言かもしれません。そんなことは、高度化したテクノロジーが手ぶらの人間のコミュニケーション技法を日に日に劣化させているという、今日よく見られる光景を想い浮かべても、もはや自明の話でしょう。*8

　資本主義的生産が発展すればするほど、資本家と働く者たちの利害対立は激しくなり、それは新しい次の社会ステージを創り出すという楽観主義は、人間の社会は部分的に成熟し、部分的に未成熟なままだという常識的な議論を「歴史の流れに逆らう反動的封建遺制」という一言で排除してしまいます。バークのフランス革命評価とは、突き詰めて言えば、世界を自らの力で変えることができるなどと楽観的に過信することや、死者の残した言葉である伝統を軽視するのは、人間の道徳的退廃なのだということです。この世界はもともと浅はかな生き物である人間が考えるほど単純ではなくて、だから世界をそんなに急に変えることはできないと大人のあきらめを説く、成熟したイギリスの保守主義者から見たときに、人間のあやふやな理性に寄りかかり「神の死」

を声高に叫ぶ革命の馬鹿騒ぎなど、人間の未熟さを恥じる歴史的良心の足元にも及ばないものなのです。

フランス革命から二〇〇年以上を経て、今日バークの言ったことは二一世紀という文脈の中で、また別のところで評価しなければなりません。しかし、人間の持つ能力、とくにここでの話でいえば、社会を生きるための技法としての政治、そして、あえて左翼的な言葉使いでいえば、そうした政治の基礎である社会的経済条件の成熟度は、バークの鳴らした警鐘を時代遅れとさせるほど大して高くなく、二〇〇年余りを経てちゃんと成長しているかどうかも、簡単には判断できません。あれから人間が賢くなっているのかどうかは、左翼がかつて想定していたよりもずっと難しく時間のかかる問題なのです。ここに慎重な態度を取らないと、世界史が証明しているように、今や巨大となった経済や社会を抱える政治の負担があまりにも重くなりすぎて、未成熟な人間の能力では制御できなくなり、その結果恐るべき粛清と自由の抑圧（ファシズムやスターリニズム）を生み出すことになりかねません。そうなる可能性や保守主義者が依拠する伝統は、左翼がいくら「デモクラシーを！」と耳に入りやすい標語を借りてきて訴えても、二一世紀の今日においても、たやすく無視できないものです。

●残されている宿題

「あの戦争は侵略だった」とする人間はすべて自虐ゆえにサヨクだとする、児戯に類するような馬鹿げた言論がどれだけ一部の人たちによって支持されようと、歴史の進歩に関する保守主義者たちの健全な懐疑主義がどれだけあろうと、私たちの眼の前には、左翼がその政治的失敗とともに放置した巨大な宿題が残されています。それは今日いまだに解決されない「貧困と格差」という問題です。人間が生きる世界では、生産とそれによってもたらされたさまざまな富の分け方があまりに不平等になると、人々は人生の出発点の段階から早くも希望を失ってしまい、その後の人生は「約束された苦しみ」となってしまいます。それではあまりに心の荒んだ人々だらけの世界になりますから、何とか完全にやる気を失うことがない程度の平等が確保されねばなりません。そして可能であれば、ささやかながらも得られた富の喜びが次の生産につながるような経済制度やシステムが必要です。でも私たちはいまだにそのようなシステムを満足に構築していません。

富の平等な配分など甘く切ないユートピアに過ぎないという、お決まりの批判は絶え間なくこれまでもされ続けてきました。そのとおりかもしれません。しかし、ここで私が言いたいのは、「科学的社会主義」の前段階をなぞるようなユートピアを復活させよということではありません。将来の希望をあらかた失ってしまうような社会経済的条件の下に生きることが運命づけられて、しかもそれをかなりの努力をしない限り避けることができない立場の人間の数を、全体として少しでも減らしていく手段と方法について、なおも考え続けるべきだという、ささやかな目標です。[*9]

私たちそれぞれが生きる時代において、実現可能で持続可能な平等を目指す社会をどのように構想していくべきかという問題は決してなくなることはありません。もし今日サヨクという言葉でポイントのはずれた軽蔑を受けてしまった人々が、政治的にはどれだけ脆弱であろうとも、思想的には粘り強く宿題の意味を考え続けるなら、私たちは何よりもまずそのリアルな意味づけを、「自虐」などという幼児語を排除して再定義するべきです。二〇世紀初頭に左翼の生み出した歪《いびつ》な政治体制は、極めて困難な政治的・歴史的諸条件の下にあったため、不幸なことに市民的自由を抑圧し、すべてを党派的図式に還元する悪しき政治主義に陥ることで、二一世紀を生きる私たちにたくさんの反省的教訓を残しました。しかし、そうした世界史の実験の中で起きてしまったことをすべて差し引いても、**「活力ある社会をなんとか維持できる程度の平等な富の配分」**という、「左翼の」ではなく「私たちの」克服すべき課題は依然未解決のまま残っています。言葉の遊びは、それによって精神が救われる人々にまかせておけばよいのですから、大雑把な言葉でサヨク批判などしなくても不安に陥ることのない精神的強者たちは、静かに政治を語るために一刻も早く、この切ないカタカナ語に別れを告げなければいけません。

ただしこの話は、言うまでもなく「左翼」という用語を政治的目的として再び復活させるべきかどうかという、これもまた不純かつ下世話な問題とは基本的には何の関係もないことも強調しておかなければなりません。

＊1――「デモをする権利」と「近隣に迷惑をかける可能性」と「警察に無届かどうか」などということが、同じ地平で公然と語られるのが日本の社会です。このようなセンスは欧米では理解されません。デモをするとは肺呼吸をするとほぼ同じ意味だからです。

＊2――逆に左翼とは、彼らと激しく政治的に対立する立場の者たちのみが、自己を間接的に表現するために使用した言葉でした。自分の立場は、「反左翼」であるという表現によって、その独自性が保証されたのです。つまり、自分が「保守反動」であるときのみ、皮肉にも相手を左翼と他称したのでした。

＊3――独裁者の死後、スターリニズムという世界史の野蛮が明らかになった一九五〇年半ば以降、すでに左翼陣営では、とりわけ青年層にマルクス主義に対する地割れのような幻滅が広がりつつありました。

＊4――共産党にとっては「革命いまだならず」という永久革命的ミッションを持ち続ける以上、朝起きて歯を磨く行為すら「独占資本によって造られた歯磨きチューブを購入せざるをえない矛盾との階級的闘争行為」です。

＊5――本書では、あの戦争のことを「アジア・太平洋戦争」と呼んでいます。この部分を読んだ自虐糾弾派の人々は、もう瞬間的に私のことを「サヨク」と決めつけているはずです。まったく言論もへったくれもあったもんじゃありません。馬鹿らしい。

＊6――こういう人たちは、一九七〇年代の日本共産党が非武装中立を叫ぶ旧社会党と一線を画し、「自主防衛・アメリカからの独立」を訴えていたことを知りません。

＊7――E・バーク、半澤孝麿訳『フランス革命の省察』（みすず書房、一九九七年）

＊8――若者の政治的「仲間づくり」の下手くそさ加減は、明らかに「政治の退歩」とでも呼ぶべきものです。多くの者が「仲良く喧嘩する」という弁証法的関係を恐れます。

＊9――このような穏健な発想によって、「世界の既得権益を間接的に擁護する修正主義者だ」と左翼に言われるなら、甘んじてその批判を受けるつもりです。私の自覚する仕事とは、革命を完遂させることではなく、逃げても隠れてもついてくる問題に直面する際の「知的身づくろい」の助けとなる説明を提供することだからです。

リーダーシップが誤解されている

質問……リーダーシップって、結局自己チューな人の話じゃないですかぁ？　私なんかみんなの中で浮いちゃうのとかありえないし、リーダーとかあたしには永久に関係ないし。

回答……リーダーシップとは、一人前の大人なら、得手不得手やいろいろなタイプはありますが、「仕切り」の仕事が必要になったときには、誰もが引き受けなければならない「普通の市民の社会技法」です。そして、リーダーとメンバーの関係は上下関係ではありませんから、フォロワーがリーダーと協力せねばなりません。これは要するに大人の相互コミュニケーションの話です。

●優れたリーダーとは何かを本当はわかっていなかった

今日も新聞の見出しに、「首相の指導力に疑問」、あるいは「震災復興に向けて――望まれる首相の指導力」などという表現を見いだすことができます。ここで使われている「指導力」は、リーダーシップの翻訳語です。日本語ではリーダーシップは「指導力」とされています。

しかし、日本の政治は、この数年の間毎年のように首相が替わるという事態です。そうした事実に加えて問題なのは、私たちが「どういう資質や能力が政治的リーダーにとって望ましいのか」という問題に成熟した合意を持っていないことです。マスメディアは「首相の指導力」というフレーズを連発しますが、本当のところ、私たちはどうやって優れたリーダーを選んだらいいのかがわからないのです。「誰がやっても変わんなくねえ?」といったところでしょうか。

そんな最中、優れたリーダーには何が必要なのかという問題に大きなヒントが示されたのも事実です。東日本の大震災と原発事故です。この巨大な天災と愚かしい人災は、日本の政治経済エリートの優秀さが、真のエリートに要求されるリーダーシップの能力とほとんど関係がないことを明らかにしてしまいました。

私たちは、政府高官や巨大企業のトップといわれるエリートが名門の大学を出て、マニュアルを熟知して、それにそってルーティーンをつつがなくこなす高い能力を持つことを知っていました。ところが大きな責任を背負い、それに応じた報酬や扱いを受けながら、マニュアルが一切通用しないような危機に直面したときに、自らの能力と責任と決断において選択肢を想定し、それに優先順位をつける「非常時におけるリーダーシップ」の力がほとんどないことに気がついてしまったのです。皮肉なことに、この大量に存在する「マニュアル秀才」の体《てい》たらくぶりによって、リーダーに必要とされる能力とは何であるのかが、逆に浮き彫りになってしまったのです。それは同じような事態に直面したときの諸外国の政治経済エリートが発揮した能力と著しいコントラストを示していました。

●理想の上司とは？

それでは私たちに望ましいリーダーのイメージがまったくないかというと、そんなことはありません。あたかもダンディなおじさんのコンテストのように、経済雑誌は「理想の上司像アンケート」などをやり、そのときに好感度ナンバーワンのおじさんが（最近はおばさんも）ランキングされ、しがない自分の職場に、もしあの芸能人の誰それがいたらどんなにいいだろうと「ネタ扱い」でちょっとだけ考えたりします。そして、この記事を読み終わると、「私たちに必要なリーダーシップとは？」という問いは跡形もなく消えてしまいます。そもそも「必要なリーダーシップとは何か」ではなく、「どういう上司なら職場のストレスが少ないか」という、あくまでもトラブル回避型の引き算評価です。「優しくて、思いやりがあって、私の力を引き出してくれて、部下をかばい、上には言うべきことをちゃんと言ってくれる、父のようであり兄のようであり、かつ冗談なども通じる友人のような面もあって、仕事ができる人。そしてできれば無理に呑みに誘わない、直帰して子育てに協力する人」という、要するにそういう人だと会社のストレスもだいぶなくなる上司というわけです。本当にくだらないです。それはリーダーの資質ではなく、そのまんま理想の父親像に変えても成立するぬるい話です。でもこういう水準を超えるリーダーシップをめぐる話をみなさんは聞いたことがありますか。おそらくないでしょう。

不思議なのは、理想の父親像という域を出ないゆるい話なのに、おそらく九〇%の人は意識的にも無意識的にも「まさか自分がリーダーになるなどということは生涯においてないことになっている」と勝手に決めていることです。そんな下世話なレベルの話に回収されてしまうのに、それなのに、「俺らリーダーとか関係ないし」と判断するのです。つまり、多くの人々はリーダーシップという能力を「特別な能力」の持ち主による個人技であって、そういう人がいればラッキーで、そういう仕切るのが得意な人がやることだと考えているということです。そして、それゆえに私たちは漠然と、リードする者とされる者の関係を何かしら上下関係のように考えています。

政治そのものが人間の作為であると自覚的にとらえられず、多くの人が「地位」の高い人を政治家と考えていた、封建的な習慣が残っていた戦前はもちろん、デモクラシーの時代となっても、これまで私たちが最もきちんと考えてこなかった問題とは、まさにこのリーダーシップの問題です。戦後デモクラシーは、所得や社会的な財をかなり平等に分配することに貢献してきたかもしれませんが、デモクラシーにとってリーダーシップがどれだけ重要なものなのかを順繰りに、丁寧に考えてきませんでした。震災や原発事故対応の低レベルぶりは、まさに私たちの社会の水準です。誰が政治家を笑えますか。半径五メートルの世界で起きていることが永田町と霞が関に現れているだけです。

●普通の大人の社会技法としてのリーダーシップ

欧米の社会に行くと、リーダーシップという言葉はもっと日常的な言語で、おおよそ「社会に出て生きていくまっとうな大人が普通に持ち合わせていなければならない社会技能」といった意味を表します。通常は、教会や市民団体が中心となって、「ステューデント」、「ヤングアダルト」、「アダルト」といった対象ごとに、さまざまな社会教育ワークショップや研修プログラムがつくられており、そのパンフレットなどを見ると、「真のリーダーシップを身につけるための四週間」とか、そのままずばり「リーダーシップ・プログラム」とか書いてあります。[*1] 得手不得手ではなく、そういう状況になれば、普通の大人は普通にリーダーシップを発揮するのであり、大人とはそういうものだという前提がそこにはあります。「あたしはリーダーとか、そういう柄じゃないですから」などと言って尻込みをする人には好奇の視線が送られます。かつて日本の学生をこうしたプログラムに連れていったことがありますが、ある学生が「俺なんかリーダーとか向いてないんで」と拙い英語でカナダ人のプログラム・チューターに言ったところ、「そう？ それじゃ学んで大人にならなきゃね」と笑顔で返されていました。

これに比べると、私たちの社会におけるリーダーシップの印象は、極めて限定的なイメージです。企業の経営者たちがよく読んでいる月刊ビジネス誌などには、勇ましい織田信長や豊臣秀吉といった戦国武将の姿が表紙に登場します。そしてそこには必ずといっていいほど「危機を乗り切るリーダーシップ」とか「部下に慕われるリーダーとは?」であるとか、あるいは先に触れたような「あなたの理想の上司とは?」という特集見出しが書かれています。そこからわかるのは、ここでは「非日常的な危機状況」と「すでに権力関係の存在が前提となっている社会関係」の二色によってリーダーシップ論の基本背景が彩られていることです。

つまり日本のリーダーシップの話には、ちゃんと「危機のリーダーシップ」という観念は存在しているのです。しかし、これもまた不思議なのですが、そのことを議論する際に引き合いに出されるのは、まず間違いなく今日の状況とかけ離れた、大昔の戦国武将や幕末の有力藩士などの話で、しかも教訓や名言の類として引用されるのは、悪魔の権謀術数を操る(と誤解されている)マキャベリなどであることです。間違っても、「財政危機を乗り切るために獅子奮迅の活躍をした財務省の事務次官の事例」など引き合いに出されることはありません。つまり、ここで扱われるリーダーシップ論は危機や平時と分けられ、一見、本質的な問題を扱っているようなのですが、じつはそこで手本とされるリーダーは、大人としての社会技能が優れた市民の話というよりも、「酸いも辛いも甘いも知り抜いた」、「清濁併せ呑む」ことのできる「やり手の大人」という、やや「ちょいワル」な印象を持ちつつも、必ずや「やってのけて見せる」頼もしい経営者のイメージです。あの社長はカリスマ的人物で商売も結果を出してるから、リーダーシップもすごいだろうと思われています。つまり、結果を出し、今は大きな企業をつくり上げ、功成り名を遂げた人物こそが、そこから逆算して「きっとぐいぐいと人を引っ張っていく能力があったに違いない」となり、翌月には今度は「伊達正宗」のエピソードを添えて、またぞろほぼ同じ話が消費されていきます。しかし、**「やり手」であるということとリーダーシップを持っていることとは同じことではありません。「ぐいぐい引っ張っていく能力」をリーダーシップだと思いこんでいます。**そこには何か足りないものがあります。

●リーダーシップ論の貧困

私たちのリーダーシップ論がこのように薄っぺらとなった理由はなんでしょうか。ひとつ考えられるのは、リーダーシップを権力的な、しかも暴走する権力というイメージに過剰なまでに重ね合わせてしまう心の習慣です。軍部の独裁によって破滅的な戦争に導かれたという歴史的経験と認識は、私たちの祖父母の世代から続くトラウマのようなものかもしれません。日本には、非科学的で精神主義で野蛮で野卑な軍国主義者たちがいて、彼らは天皇の権威を嵩《かさ》に独裁を行って、そのために日本とアジアの人民は筆舌に尽くしがたい困難と不幸に苦しんだ。げに恐ろしきは独裁軍部の愚劣な指導力であったと。[*2] ここでは独裁とリーダーシップが切り分けられていません。それでいて、陰では「東条なんていう役人の延長みたいな奴を頭《かしら》にしなければ戦争に勝てたんだよ」などと言い、くれぐれも無能な奴をトップに据えてはいけないと、個別のリーダーの「出来不出来」だけが取りざたされるのです。[*3]

リーダーシップ論がやせ細ったものである事情は、いわゆる市民派、あるいは旧左翼、昔の反権力陣営においても同じです。かつて自民党政治が半世紀以上もの間続いた結果、彼らは政治権力を自ら運営する苦しみのない「在野という楽園」を謳歌していました。そのため困難だけど避けることのできない権力やリーダーシップの問題から勝手に解放されて、表側では空虚な観念論を振りかざし、裏側では五五年体制という談合をし続けていたのです。かつての左翼世代は、リーダーシップといえば、「独断専横」で「非民主的」かつ「独裁的」な保守反動陣営に対してどのように戦線を構築していくべきかという、抵抗型の問い以外のものを立てることができませんでした。「自己否定」と「大学解体」を叫んだ全共闘運動において、「真のリーダーシップとは？」などという議論があったなどという話はただの一度も聞いたことがありません。ただの一度もです。

東条が日本を滅ぼしたのだとする人々、護憲反安保を唱えた旧進歩派、そして「孤立を恐れぬ」全共闘にも共通した欠落点があります。それは、彼らの話の中からは私たちが日常を生きるために必要な社会技法としてのリーダーシップを支える、リーダーシップとセットで考えなければならない、リーダーシップがきちんと機能するために不可欠なもうひとつの話がまったく出てこないことです。それは「フォロワーシップ（followership）」という考え方です。リーダーシップが機能する際に、そこにフォロワーとして主体的にかかわっている私たちという自己イメージがまったくといっていいほどありません。すなわち、リーダーシップとはリーダー単体では成立しない話なのだということがほとんど理解されていないのです。リーダーシップ論とは、リーダーとフォロワーの「関係」の議論であるということに考えが及んでいないのです。

●「従う」のではなく「コントロール」

フォロワーシップを考えるために必要なキーワードは、「コントロール（control）」です。つまりこれは相互的な関係で考える以外には意味のない問題なのです。しかも、リードする者とフォローする者との関係は、いわば複雑な織物のような社会的なやりとりの束なのであって、かつ重要なことは、リードするのが国家でフォローするのが社会などと固定されているものではないということです。もちろんリーダーシップを発揮する立場の政府があまりに横暴な振る舞いをすれば、有権者はこれを選挙やデモや健全なメディアなどを通じてコントロールする必要がありますが、この関係は必ずしも垂直的な関係に限定されません。たとえば、アメリカの禁酒法時代を描いた典型的な映画の話ですが、「札束で頬を叩かれて暗黒街の言いなりになっているロクでなしの街の市長が当てにならないので、勇気ある新聞記者がメディアを使って世論を増幅させ、マフィアの悪行を排除する」という関係があったりしますから、この場合はどちらかと言えば「横並びの関係でマフィアの行為を矯正する」ということになります。このとき、不正を見逃さないと信念に燃えるメディアは、マフィアを「コントロール」したのであって、このとき腐敗し歪んだコミュニティの現状をコントロールする社会技術とセンスの中に、フォロワーシップが含まれているのです。

ここから考えていけば、リーダーシップとは元来対等である市民同士の間で取り結ばれる関係のひとつの表現に過ぎず、それを生かすも殺すも、じつはリーダーのみならず、それをコントロールする立場であるフォロワーの在り方にかかっているのです。コミュニティの政治をさほどの出鱈目にさらすことなく何とか運営させていくにあたって、リーダーシップとフォロワーシップはセットで存在するものだということです。こういう考え方の中には、制度化された権力関係の中で（たとえば、田舎の長老村長と村民）リーダーがひたすらフォロワーに恩恵を与えるという父親保護主義的なセンスではありません。あるいは、ここでの関係は「ビジネス的な成功」という目的を持ったリーダーだけの資質に話が限定されてもいません。

対等な関係を前提とするリーダーシップとフォロワーシップ、そして両者の関係としてのコントロールを、私たちの一般社会の風景に移し代えて見てみるとどうなるでしょうか。コミュニティにはリーダーが必要です。それは全員を拘束するようなルールを実際に運用する人間が必要だからです。全員を拘束するというと、大変強圧的な印象を持ってしまうかもしれませんが、それはたとえば税金を払わなければいけないというルールが男性だけに適用されるなどということがあってはならないというシンプルな原則の話です。

金銭を受けとって、一部の裕福な人たちの便宜だけを図って都市計画を目論む市長（コミュニティのリーダー）がいたら、選挙やリコールなどの手段を通じて軌道修正させなければいけません。市長が、犯罪発生率が上がったことの原因を一部の移民労働者のせいにして移住制限をしようと拙速に判断したら、市民（フォロワー）は「私たちの取り組むべき真の問題は彼らを排除することではなく、彼らのための教育制度を充実させることだ」と逆に提案してみるのもフォロワーの仕事です。

リーダーという立場から生じてしまった心の緩みから、金銭の処理が不透明になれば、直ちに説明を求めて、これ以上の傷口を広げないように勧告するのもコントロールという仕事です。強引な運営に一部の町会のメンバー（フォロワー）がついていけず、住民間に空気の澱みのようなものができたら、暫定的に町会長を代えてみようと提案することも、ときには有効かもしれません。前任者に比べられるのを嫌がって自信を失っている部長に対して、繰り返し「私たちにはあなたの力が必要なのです」と訴え続けることによって、部長を「その気にさせる」という「鼓舞する機能」はフォロワーの仕事の中でもトップスリーに入るようなものです。このようにフォロワーのすべきことは無限にあります。

もうおわかりのように、コミュニティのリーダーになることも、フォロワーとして機能することも、何か特別なことをするわけではありません。コントロールというと「無意識に制御される」という著しく偏った語感がありますが、ここでの意味はまったく違います。**「相互関係の中でお互いの行動や思考を全体利益に沿って修正させていく」**ぐらいの意味です。ですからこれは意識せずとも社会で、そして世間で大人の人生を送っている人々がときどきは全員やっていることです。「私にできるはずがない」と判断する理由がないものなのです。*4

●リーダーシップとはコミュニケーションの話である

このように考えれば、リーダーシップの問題は、「総理大臣には地位に応じた風格が必要だ」といった昔風の論談にも、管理された高度情報化社会の中を「セコく立ち回るための知恵20」といった薄っぺらなノウハウにも決して回収されません。他方、「リーダーシップとは独断専横である」という、勇ましい言葉の裏にある、何かに怯えた力のない諦念も、この先の社会を維持する妨げにしかなりません。私たちに必要なのは、政治的リーダーシップの問題を政治家や経済リーダーの問題に限定しないで、各人の立場で生活技法にしていく道筋を考えることです。

そしてここに浮上してくるのは、間違いなく「言葉」の重要性です。これまで出てきた話は、要するに**「リーダーシップの問題とは、コミュニケーションの問題である」ということなのです。**優れたリーダーシップとは、そして優れたフォロワーシップとは、「きっちりとコミュニケーションをとること」からしか生まれようがないのであり、それは対話的コミュニケーションだけでなく、広義の社会的コミュニケーション（マスメディア、インターネット、そしてSNSその他のミドルメディアにおけるリテラシーとその活用）の技術の成熟を示すものなのです。優れたリーダーシップを生み出すコミュニティは、優れたコミュニケーション技術とコントロール技術とを持ち合わせています。そして、繰り返し強調すれば、それは特別な能力ではなく、成熟した大人の立ち振る舞いの延長にあるものです。もしそれらを成熟させていきたいならば、私たちはそれをさまざまな現場でトレーニングしていくしかありません。首相選びの成熟度とは、そうした基盤に支えられるものなのです。

日本の社会が、きびしくかつ健全な基準を持って政治的リーダーを選ぶことができないならば、それは優れたリーダーとは何であるのかをきちんと考えてこなかった社会の背負う宿題です。今日私たちが直面しているのは、マニュアルに忠実に段どりを考え、「事なきを得る」という結果を確保する安定率の高さを優れたリーダーシップだとしか考えてこなかった結果、多くの人々の生活や人生を致命的な危険にさらすことになっている事態です。だから今後はこれを克服するリーダーシップの価値体系を協力してつくり上げるべきです。そのためには、リーダーもフォロワーも、個々のレベルで、おかしいと思ったら「おかしい」と声帯を振動させ、「正しいか間違っているか確信はありませんが今ここでこういうことが言えます」と論理的に淡々と話すことができる常識が必要です。そして皮膚一枚隔てた他者を理解するために所詮言葉は有限なものだが、やはりそれを放棄することはできないという**健全なペシミズムを持ちながら話し続けるという、大人のコミュニケーション技能と胆力**を持つことが必要です。それを踏まえなければ、「強い指導力が必要」などという、お茶を濁すように書かれた旧態依然の定番の新聞フレーズが虚空を木霊するだけです。

「総理大臣の首を次から次へとすげ替えるのはいかがなものか」とすまし顔としたり顔で言うまえに、私たちがやるべきことは、私たちにはどういうリーダーが必要なのかを大人として自分を棚に上げずに静かに語ることなのです。

＊1——私の知るカナダのある地域コミュニティの研修センターでは、その地域に住む先住エスニック・グループの人々の職業訓練や社会教育プログラムの中に「リーダーシップ・プログラム」があり、コミュニティのリーダーになることが、ほぼ「まっとうな地域の大人」になるという意味に等しいことがわかります。www.naramatacentre.net/

＊2——当の軍人や統治エリートたちには、主体的に独裁を選択したという認識は皆無でしたから、事態は戦争とともに終結したのではなく、問題は未解決のまま今に至っています。

＊3——そして「あのときの愚かな軍部が全部悪い」で、リーダーシップの議論が終わりますと、「今はもうさすがにあれほどの馬鹿はいないのだから、リーダーシップの議論などする必要がない」と高をくくることになります。もはやリーダーシップは、世界のSONYやTOYOTAのように、経済的成功を生み出した立派な社長から学べば、それでもういいと思われているからです。ちなみに東条元陸軍大将・首相は無能ではなく、極めつけの能吏であったそうです。そして、「それゆえにああなったのだ」というのが東条にパージされた天才軍人と言われた石原莞爾の弁です。

＊4——いつも文句ばかり言っている家人が、なんだかコソバユイ物言いで急に優しくなったことを実感していった挙句、気がついたら指輪を購入させられていたなどという逸話は、家庭内リーダーとフォロワー（どちらがどちらとは言いませんが）のコントロール関係を示しています。

民意とマスメディアが誤解されている

質問……民主主義なんだから、民意にそった政治じゃなきゃだめですよね？

回答……一億人もの有権者がいる社会に、実体としての民意などというものは存在しません。あるのは、事後的な解釈です。ところが昨今、民意解釈を担当するマスメディアの果たすべき役割がきつくなってきています。下手をすると民主政治が衰弱死します。

●民意など存在しない？

かつて自民党長期政権下、選挙で自民党が議席を減らし与野党が伯仲状態となることが判明すると、直後に無所属保守系当選者の追加公認がなされて、自民党は辛うじて過半数を確保し、新聞は必ず次のように選挙結果を評しました。「自民党にお灸《きゅう》をすえ、かつ野党にはいまだ力量不足だと教える、国民の絶妙なバランス感覚」と。

私は当時、この後づけ表現に強い不信感を持ち、また大人の欺瞞といい加減さを感じました。

「バランス感覚? 何それ?」です。与野党伯仲状態は、一九七〇年代からすでにはじまっており、そうした議席配列は、高度成長の歪みを押しつけられ、個別の財政的措置のもたらす恩恵（補助金!）を享受できなかった都市部の有権者に自民党がそっぽ向かれて大負けし、他方農村郊外では、保護農政と社会資本整備を訴えることによって自民党は安泰で、そうしたふたつの顔を持つ日本の有権者により偶然の投票行動によってつくり出されたものでした。農村部での政権党への支持は極めて強固なもので、したがって自民党の勝ち負けは、いわば都市住民の気まぐれな投票行動に左右される面が強かったのです。

ところが有権者が示した選挙における意思を、新聞・テレビはトータルにひとつかみにして、「国民の絶妙なバランス感覚」と表現したわけです。公害やひどいインフレに悩まされていた都市部の家庭で育った私のような人間、つまり農村や地方の人々の生活実感を知らない者は、すでに統一的な「民意」などというものが単なるフィクションに過ぎないことに直感的に気づいていました。[*1] そして、あたかも有権者という集合人格が民意を実体として保有しているなどという設定には、何のリアリティも感じていませんでした。民意などというものは、何ともいえない微妙な選挙結果を説明できない新聞が、後づけで表現するいい加減なものだというのが昔からの認識でした。民意なんかありゃしねえよ、です。

そもそもこうしたひとつの、統一的な意思が存在するというフィクションは、王権を倒して、君主、つまり生まれながらにして統治する身分とされてきた人の恣意的な権力行使にピリオドを打って、そういう人以外の者、すなわち人々（people）がこの世の主導権を握るということを主張するための、政治的な方便でした。ようは君主主権から人民主権へという一八〇度の世界の反転を表現するための、政治的シンボルとしての言葉です。これは政治において大変な効果をもたらした言葉で、現実は「一人の君主」から「一部の数の種々雑多な人々」への権力の移行であったにもかかわらず、あたかも何らかの単一の人格を備えた「人民」が存在するのだと人々に信じさせる、あるいは「そういうことにしてよし」とさせてしまう効果を持ちました。

だから君主を権力の台座から引きずり下ろすときには、政治的に有効かつ有用な言葉でしたが、そうした政治状況にない、そうしたことが要請されていない、二一世紀の状況においては、フィクションとしての人民、そしてその意志としての民意なる言葉は、極めて限定的かつ便宜的な役割を持つに過ぎないと考えなければなりません。[*2]

●民意は解釈である

民意などないと言ってしまうと、話がそれで終わってしまいますから少し言い方を変えねばなりません。せいぜい**「民意は実体としては存在しないが、人々の共有している集合的意志としての優れた解釈は見いだせるかもしれない」**くらいです。与野党伯仲を「国民の絶妙なバランス感覚」とする物言いにどうしてああ鼻白むのかといえば、これが民意解釈として極めて安易安直で出来が悪いからです。いかにも全国紙のエリート記者たちの「ほかに言いようがなく、まさか国民はアホだと（本当のことは）言えないから」という本音がにじみ出ています（それでいてエセ中立的安全地帯の中に逃げ込むセコさです）。個別の有権者のほとんどは、べつにバランスを重視して投票したわけではありません。己の思うところに依拠して、各々が投票しただけですから、その結果偶然生まれた伯仲状態をあたかも主体的に選択したかのようにいう表現には、記事を書いた側の政治的意図が露骨に表れているのかもしれません。

二〇一〇年の参議院通常選挙で、政権党はトータルで一〇議席を減らし、単独で過半数を取れない勢力となり、この選挙結果は「大敗」と報道されました。これは「民意は民主党にNO！を言いわたした」という解釈です。でも、半数を三年ごとに取り代える参議院選挙で一〇議席減らすということは、全体の定数の比率で言えば二四二分の一〇ですから、失った議席は約四％です。さほどの大敗とは言えません。「地方の一人区では二一も負けたではないか」と反論されるかもしれません。しかし得票数に着目すれば違う解釈もあります。東京地方区では、事業仕分けで女を上げ、今日大臣となった女性議員が史上空前の一七〇万票という大量得票を果たしました。神奈川県では、現職の法務大臣であった女性の候補が僅差で敗北しましたが、獲得した票は優に六〇万票を超えていました。人口の少ない別の県の地方区ならばダブルスコアで当選するような得票数です。つまり民主党は日本の有権者の大半が住む大都市部では、さほどの大敗をしていないのです。比例代表でも自民党よりも四〇〇万票も多く得票しています。そうなると議席が全体の四％ほど減ったことをもって「民主大敗こそ民意」と強調することは、やや不自然な解釈と言わねばなりません。

同じことはその前年の自民党の敗北についても言えるでしょう。たしかに衆院での過半数を失ったのですから野党に転落するのは当然で、議席も三〇〇近くあったものが半分以下にまで減ってしまったのですから、大敗と呼んでもさほど違和感はないかもしれません。しかしあの選挙で「自民党から民主党に移動した票」は一〇％以下なのです。小選挙区は勝者一人ですから、簡単に逆転してしまったのですが、議席数減ほど支持が劇的に失われたわけではありません。だから自民党は比例代表で一〇〇〇万を超える支持を得ているという事実から別の解釈も生まれます。その意味でもやはり民意とされているものは、相当に大雑把なものです。「民主大敗」も「自民大敗」も、民意解釈として、はたして正確なのかどうかの評価はさほど単純ではありません。

ポイントは「誰もがうなずく決定的な民意解釈かどうか」ではなくて、「解釈そのものが過去の文脈と未来の展望との関係において建設的な意味を持っているかどうか」、それを前提にジャーナリズムが競合する「複数の解釈」を用意できているかです。言うまでもなく、そうした民意解釈をほぼ独占的に行っていると自負しているのが第四権力としてのマスメディアです。

●多様性を確保できない日本の報道

実態としての民意などなく、それはメディアによる解釈の提出によるものだとするならば、社会の木鐸としての言論機関の「不偏不党」の原則はどうなるのかと問われます。しかし、不偏不党の意味を誤解してはなりません。報道という仕事が世界を切り分け、事実を集約的に表現することなら、そこに完全無欠の中立性など存在するわけがありません。不偏不党とは、ようするに「取材する側と取材される側との関係を歪める（金銭をも含めた）貸し借りがない」ということです。記者が取材対象から金銭を提供されていたら、己の損得勘定を超えた冷徹な報道などできません。[*3]大原則としてこの自由を守るルールが死守されるからこそ、複数のメディアが複数の事実解釈、民意解釈、調査解釈を生み出すことができます。当たりまえの話です。

ところが日本のマスメディアはこのような条件を満たしてきませんでした。本書でもたびたび事例として取り上げてきた「政治とカネ」の問題に関する報道では、驚くべきことに全国紙や通信社のすべて、通信社から配信を受ける地方紙のほぼすべてが完全に横並びの同じ内容の記事を流しました。それは「民主党元代表は政治とカネ問題にけじめをつけて議員辞職をするべきだ」というネガティブ・キャンペーンでした。しかも元代表が辞職するべき理由については、明確な指摘は一切ありませんでした。元代表を葬らねばならない切実な理由があるのかと邪推したくなるような事態です。

全社足並みをそろえているのはこの問題だけではありません。マスメディアはさまざまな政策領域において各省庁の発表する情報をそのまま受けとってほとんど同じ記事を配信しています。まるで役所の公報のようです。[*4]権力から独立しているとは言えません。こうなるのも日本には今や世界に類を見ない談合制度があるからです。それは「記者クラブ」制度です。日本の政治報道においては全国紙、そしてそこと深い経営関係を持つ民放テレビ局（この関係を「クロス・オーナーシップ」と呼びます）らが、任意団体として官庁ごとに「○○省記者クラブ」をつくって、独占的に取材や会見を開いています。ここでは何と役所の経費で記者クラブ室や会見場が提供されています。国民の生活に関連する大切な政策を担う役所が、新聞やテレビにそうした施設を提供することは必要です。ところが、このクラブでは信じられないことに、記者クラブが認めた者以外の、すべてのフリーランスのジャーナリスト、外国の特派員がこの取材の場から排除されています。**そんな権限は地上のどこにも存在しないにもかかわらずです。**

先の震災の直後、首相官邸サイドは当初「死者一二人」などという、寝言同然の発表をしていました。これは致し方ない面もあります。正確な情報を迅速に得ようにも、恐るべき津波が地域の報道体制をずたずたにしていたからです。しかし、この事態を重く見たフリーのジャーナリストたちは、私的関係を使って官房長官に「死者一二人どころではない、とんでもないことになっている。ツイッターを通じて我々には大量の情報が入りつつあるから、すぐに官邸記者会見にフリーの記者を入れてくれ」と懇願しました。政権交代後、すべての官庁の記者会見をフリーの記者や外国人記者にもオープンにすると公約したにもかかわらず、民主党政権は役所の圧力に負けて約束を反故にしてきました。ただでさえその壁を超えようとフリーの記者たちは日々闘争していたのですが、今回だけはとてつもない数の人命がかかっていますから、彼らの要求は「フリーのメンツ」などというものではなく、「事実を広く知らせないと被害が拡大する」という切実なものでした。しかし、官邸は最後まで会見にフリーランスの記者を入れませんでした。[*5]これは官邸の意志ではなく「官邸記者クラブ」の意志です。

そして、その後一カ月ほどの間、震災の報道と原発事故の報道は、これだけの全国紙と民放テレビとＮＨＫがありながら、過剰なまでにパニックを恐れた政府による、大切な事実を知らせない異常な発表によって、「安全デマ」とも揶揄されるような横並び一線の報道となりました。その後、原発事故については、大手マスメディアの一部の新聞が記者クラブを離脱し、いくつかのテレビ局のうち、ある社は事の重大さに気がつき、ある社は世論を読み損得勘定で、原子力関連業者や経産省からの硬軟織り交ぜた圧力に負けずに独自の調査報道をはじめ、報道機関が持つべき基本姿勢としての最後の一線に踏みとどまりました。しかし、依然として大きな影響力を持つ大多数のマスメディアが、電力会社のたび重なる虚偽説明や報告、それと大差のない官邸や保安院、そして経産省からの管理された情報を原則垂れ流し続けています。複数競合とはまだ言えない、この不十分な状況に対して、有権者の不信感は高まりつつあります。[*6]

原発事故については、電力会社が隠蔽を繰り返し、メディアだけでなく科学者や専門家ですら十分な情報を得られないという事情があります。また、誰もが未知の領域の出来事の最中にあって模索を続けている側面もありますから、マスメディアばかりを非難するわけにはいきません。しかし、本章の文脈に立ち戻っていま一度考えるなら、震災・原発事故報道を通じて、あらためて日本のマスメディアが事実報道そのものにおいても、事実の解釈においても、そして有権者の集合的意志の解釈においても、その健全性を担保する複数性という条件を満たしていないことに変わりはありません。[*7] そのために、ただでさえあやふやな民意は、もはや政府や行政の行為を正当化するために動員されるものとなりつつあります。デモクラシーの自殺です。

●大きな物語の喪失

民意解釈が複数用意されないのも無理はない側面もあります。民意解釈担当者のほとんどが日本の学校秀才のため、彼らはマニュアルがないと進むことも戻ることもできず、目下「漂流」しているからです。ニッポンはまさに「海図なき航海」の最中にあって、これから何を目指してどこへ進んでいけばよいのかみんなワカラナイのです。ポストモダン状況を表す流行りの言葉で言うと「大きな物語の喪失」です。戦後六六年の間、かなりの数の日本人が共有できた大きな物語とは、「焦土と化した国を復興させ、心ひとつに努力すれば、右上がりのグラフのように社会は発展する」という、苦難の果てにつかむ豊かな未来をという物語でした。資源のない狭い小さな島国でも優秀な人力があるとして、精密技術の開発を得意とする日本人の個性というスパイス、戦争や紛争は避けて経済優先の平和路線という香りづけをすれば、「戦後日本の成長の物語」のできあがりです。

こういう物語が意識無意識両方において共有されているときには、政治の場においても物語の枠に沿った予定調和の中で民意の解釈は行われ、この土台のお蔭でひどく人々の心に収まりの悪い民意解釈も、面倒な過去を引き合いに出すような「読みこみ」も避けられ、民意解釈そのものへの批判もなされませんでした。つまりこの枠なら「何でもアリ」となるのです。国論を二分したかのように語られる六〇年安保闘争とは「アメリカと対等な条約を」という保守の政治的目標と「戦争に巻き込まれない平和国家」という革新勢力の願いの対立でしたが、いずれも戦争によって失われたナショナル・アイデンティティをどうやって回復するのかという、共有されたメインテーマの異なった楽器によるべつべつの変奏曲だったのであり、根本的に異質な者同士の衝突があったわけではありません。だからマスメディアは安心して自民党批判をやれたのです。

ところが、冷戦は終焉し、バブルは弾け、少子高齢化は劇的に進み、グローバリズムに翻弄される今日、日本では統治エリートも、経済エリートも、やせ細った中間層も、こうした現状をどう打開していくべきなのかがワカラナイのです。[*8] つまり、日本の社会はまさに立ち止まっているのであって、かつての経験はあまり役に立たず、この事態に対応できる人材も育てて来ませんでした。しかも経済格差はかつての「総中流意識」時代と比べて明らかに拡大しており、もはやすべての日本人が「私たち」という一人称複数でお互いに括りえなくなりつつあるのが二一世紀初頭の社会状況です。これに原発事故の収束と廃炉化という、未来の日本人の稼ぎを吸いとり、同時に未来の希望すら奪いとるような重荷が加わっています。

こうした状況下、最後に残ったふたつの「五五年体制」のひとつであるマスメディアは、すっかり自信を失っているようです。[*9] 民意解釈や世論づくり作業も、じっくりと腰を落ち着けて「輿論」への成熟へと誘導することなどできず、人々の瞬間反応のような素材を短期的に、断続的頻度で用意することで逆に混乱を深めています。繰り返される「内閣支持率調査」と、そのたびに混迷を深める日本政治を見たときに、政治報道こそが日本の政治を破壊しているのではないかという錯覚に陥ります。

●政治ジャーナリズムの原点とは何か

私の父親の世代の先輩方は、震災と原発事故報道に見られる混迷に触れても、「新聞やテレビがそう言ってるんだから間違いないだろうよ」という基本意識をあまり変えることなく、今も生きています。「あれだけ戦時中に嘘八百を吹き込まれてひどい目にあったのに、まだそんなことを言ってるよ」と少々あきれますが、たしかにこれまで本当に一部の優れたジャーナリストたちが文字どおり命を懸けて頑張ってきたため、戦後のマスメディアは戦前のような大本営発表とはならないと思われてきました。高齢世代の人々の三大紙に対する幻影のような信頼意識は、まったく根拠のないことではありません。

しかし、この一〇年の間に発展してきた各種ＳＮＳ（ツイッターやフェイスブックなど）やミドルメディアやインターネットをまったく知らず、ＮＨＫと民放と読売新聞だけを視続け、読み続けている、私たちの社会の大多数の人々は、やはり誤解しています。この日本社会には民意というものが実態として存在し、それを全国紙が報道し、それにそって日本の政治が行われていると誤解しています。マスメディアは不偏不党で中立であると誤解しています。何のためにあれだけたくさんの新聞社やテレビ局が存在しているのかも、よくわからずこれで普通だと誤解しています。

民主政治がよたよたしながらも何とかつぶれずに生き残るために、私たちが政治ジャーナリズムに要求する基本原則は、たくさんはありません。おおよそ以下の三つだけです。第一に、政治ジャーナリズムは国家や行政や強力な社会集団、あらゆる取材相手との間に、金銭関係や便宜関係など一切の貸し借りをつくってはならないこと。第二に、事実や発見に関して一切の談合を排し、事実報道はすべてワイヤーサービス（通信社）にまかせ、質の高い事実解釈や調査報道を記名で提供すること。そして三番目に、そういう事実解釈や調査報道による政治の評価が必ず複数競合しながら存在することです。この三つがあれば、私たちの政治はそんなに悪くなるはずがないのです。これらの条件を何とか維持し、これらの原則を遵守しながら政治ジャーナリズムが必死に戦っても、なおかつ人間の社会は、おびただしいほどの問題と悪と不正と怠惰と不作為にあふれています。とするなら、この三原則が動揺したときに、どのような暗黒が日本の政治を襲うのかは十分に想像できます。

政治を静かに語るためには、強い者たちの言いなりにならない、人のまねをしない、複数の解釈を提供する、優れたジャーナリズムが不可欠なのです。これがどれだけシンプルかつ重要な条件であるのか、そして日本の社会においてこの認識がどれだけ貧困なのかをたくさんの人々が誤解しています。もうすぐ紙の新聞がなくなります。その後はどうやって大きな影響力を持つ民意解釈を複数確保するのでしょうか。これは私たちに与えられた極めつけの重い宿題です。

1――私の生まれ育った東京の郊外は、勤労者が集住する新興住宅地でしたから、ほとんどの人が社会党や共産党に投票していました。ですから、まわりで自民党を支持していたのは少数派で、古くからの地主さんと、立正佼成会と警官と自衛隊の家庭ぐらいでした。

2――人民の「総意」や「民意」といったものは政敵を引きずり降ろす際に、人々の気持ちを結集するのには有効ですが、それは所詮最大公約数的なるものに過ぎず、「それとして」のみ考えねばなりません。フランス革命期に「フランス人の総意」をバックにロベスピエールがたくさんの政敵をギロチンに送り、かつ自分すらそれを理由に首をはねられたことを忘れてはなりません。

3――アメリカのジャーナリストの間には二ドル・ルール、つまり二ドルを超えて饗応を受ければ、それは「買収された」とみなすという厳しい規則があるそうです。日本の政治記者の中には、総理大臣に夕食を御馳走になったことを嬉々として自慢する人がいます。アメリカならば、その記者は即解雇されます。官房機密費などもちろん言語道断です。

4――官庁で行われた会見が終わると全紙の記者が雁首揃えて「メモ合わせ」をするそうです。この言葉も行為の意味も英語に翻訳できないものです。

5――「全員とは言わないから代表者一人だけでも会見に入れてほしい」と要請しましたが、それも断られたそうです。震災以前のフリーランスが記者クラブによって不条理に排除される様子は、畠山理仁『記者会見ゲリラ戦記』（扶桑社、二〇一〇年）が伝えています。

6――上杉隆・烏賀陽弘道『報道災害【原発編】事実を伝えないメディアの大罪』（幻冬舎新書、二〇一一年）は、衝撃的な報告です。

7――とくに外国のジャーナリストたちを実質排除してしまった結果、正確な事実や情報が海外に伝わらず、政府レベルでは言うまでもなく、民間レベルにおいても対外的信頼が失墜しつつあり、大きく国益を損ねる事態となっています。

8――かつてのような「軽武装経済優先」モデルは、グローバル経済とアメリカの日本離れ、中国の軍事大国化という環境によってもはや成立しません。人口減少と高齢化を前提に「低成長文化成熟型社会」を目指そうにも、文化の成熟など、六〇年間ひたすら金儲けに走り続けてきた社会が、いきなり文化国家などといっても底の浅さが見え隠れです。しかも、そうした成熟はやはりある程度の豊かさと成長に支えられるものですから、このままでは文化も経済もじり貧となる可能性だってあります。それならと、軍事力を強める中国を相手にこちらも重武装の勇ましい国家を目指せばよいかと言えば、平和ボケの日本社会では、こちらに舵を切るための社会の合意を取りつけるのは容易なことではありません。

9――言うまでもなく、もうひとつは「霞が関」です。

「日本人」が誤解されている

質問……日本人とは、日本語を話す黄色人種で日本国籍を持つ国民のことですよね？

回答……生物学的「人種」と、文化などを背景とした「エスニシティ」と、「国籍」保持の三つはそれぞれ異なる基準です。とくに日本人は相対的に同質な社会に慣れているため、国民を国籍という基準だけで判断しがちです。でも、現実にはこの政治的な基準以外で世界の人間は結びついています。このあたりを少し丁寧に考えないとつながれるはずの人間を排除することになってしまいます。

●白鵬と朝青龍

私たちは通常、国民という言葉で「私たちというカタマリ」を表現することに、とくにためらいを感じません。日本人が集まって国をつくっているのだから、日本国民だということです。中国人が集まってできた中国国民、韓国人のカタマリを韓国国民、アメリカ人ならアメリカ国民です。そう思うのも無理はありません。でもじつは、このことは思っているほど自明のことではありません。

今日さまざまな問題によってボロボロになっている大相撲の世界で、孤高のたたずまいで懸命に頑張る横綱白鵬は何人でしょうか。そうですね。モンゴル人です。不敵のヒールだった元横綱朝青龍はどうでしょうか。そうです。やはりモンゴル人です。でも両者をモンゴル人だとする判断は、じつはひとつの基準しか見ていません。つまりそれは「国籍」です。パスポートをどこの政府が発行してくれるかという基準で、これは人間の属性を説明するのに用いられるたくさんの基準のうちのひとつにすぎません。

国籍はモンゴルとして終わりにすると、白鵬と朝青龍の間にある、例のあの、何とも言いにくい違いについてはもう話が及ばなくなります。つまり「白鵬のほうが、朝青龍よりも日本の横綱っぽい」という印象です。朝青龍は、技能、パワーなどについては文句がなく、最強横綱と呼んでもよいくらいの存在でした。しかし、土俵上、あるいは土俵外でのさまざまな立ち振る舞いに対し、相撲を愛する人々の多くは眉をひそめました。たとえば、土俵の上でのガッツポーズなどは、オールドファンには到底受け入れがたいものでした。

日本の横綱、あるいは勝負師に要求される象徴的精神とは「不動心」です。表情ひとつ変えることなく淡々と振る舞い、勝ってもおごらず、敗者を威厳を持っていたわり、優勝しても「まだまだ全然だめです。もっと精進せねばなりません」と少しも浮つくところなく、「ファンのみなさんの力をもらって、何とか勝てました」と謙虚さを失わない、そして土俵を離れても、文句ひとつ言わず人々に微笑と礼儀をもって接し、親方の言うことには絶対服従で、下位の弟力士の面倒をよくみる……そういうイメージです。

だから朝青龍は叱責を受けて、あのような残念な身の引き方となりました。そもそも、土俵上でのあのむき出しの闘志は日本人には子供じみた振る舞いと受けとられましたし、ガッツポーズというのは、敗者に対するいたわりの心がない「奢った者のみっともない態度」と思われました。[*1]

白鵬はどうでしょうか。じつは、前段で書いた「横綱らしい横綱」とは、私が持っている白鵬のイメージを基準に示してみたものなのです。もちろん、白鵬についてすべてを知っているわけではありませんから、もしかすると私の思いこみもたくさんあるのかもしれません。しかし、おそらく年配の人に尋ねたら、一〇〇人中九〇人以上は日本的横綱に近いのは白鵬だと答えるだろうと思います。そして、そのうちの多くの人たちが（私を含めて）「もしかすると白鵬は、日本人よりも日本人的な横綱になりつつある」という気持ちすら持っているはずです。

まとめてみましょう。白鵬は「国籍」はモンゴル人で、日本の「国技」[*2]とされている大相撲の頂点に位置する横綱で、日本語を流暢に話し、日本のスポーツ界の中でも、最も封建的で、近代的ルールに反するような慣習が残る「相撲協会」という世界の中で、最もその秩序に従順な優等生とされている、「心・技・体」そろった男性と思われているはずです。しかし、彼は「日本国民」ではありません。外国籍を持つ「外国人」です。

●闘莉王とベッキー

Jリーグの某サッカーチームに「田中マルクス闘莉王」というディフェンダーがいます。名前でわかるように、闘莉王は、日系ブラジル人とブラジル人のダブル（「ハーフ」という言葉は古い表現ですから、「ダブル」です）で、トゥーリオ家と日本の田中家の間に生まれた子孫であり、サッカーの日本代表になるために、ブラジルに残した家族とは別の日本国籍へと変更して、日本代表の不動の最終ラインとして活躍し、南アフリカのワールドカップでも魂のこもったプレーで、その雄姿を世界中に強く印象づけました。

彼の持ち味は、何といっても激しい闘志を持って、決してあきらめることなく、最後まで全力でプレーし、怪我を恐れず、勇気を持って相手のフォワードとガチンコの勝負を挑む「強い心」にあります。そして、そうした心に支えられて時折見せるのが、最終ラインの守備の要でありながら、チャンスとなると果敢に相手のゴールを狙って、防御布陣などお構いなく攻撃に「しゃしゃり出る」超積極的なゴール・ハンティングとその気合です。これは、しばしば相手の守備陣を混乱に陥れ、その結果彼は数多くのゴールを獲得しています。

人を活かし、自分は犠牲となって、手柄は人に差し上げて、汗は自分がかくことを美徳とする日本の集団スポーツの理想イメージからすれば、闘莉王の「最終列からの上がり」や、横並びの関係でも遠慮せず、ピッチ上において味方選手をきびしく叱りつけ、シュートを打たない味方に罵声を浴びせる様子は、多くの日本人から「やっぱり高校生までブラジルで生まれ育ったブラジル人だからなあ」と受けとられます。そもそも日本人は人と違うことをすることで村八分になることを病的なまでに恐れる人ばかりですから、印象からすれば「闘莉王はやっぱ日本人じゃなくねぇ？」ということになります。でも白鵬とは異なり、闘莉王は国籍を日本に変えましたから、日本人っぽくないイメージがあふれているにもかかわらず、日本人であり、日本国民の期待を一身に背負った、「日の丸背負ってプレーする責任を誰よりも感じてます」と、年配の人なら「こんな男を孫の結婚相手にしたい」と思わせるような、泣ける科白をはく男なのです。[*3]

さて、かたやベッキーという女性タレントがいます。バラエティ番組に多く出演しており、司会者の突っ込みにも頭の回転の速い対応ができますし、いわゆる「美人がボケると三倍おもろい」という原則どおり、テレビの世界ではなかなか貴重な女性タレントと言えるかもしれません。ちなみにベッキーの外見は、どこから見ても欧米人のようです。日本人から見れば、その人種的（生物学的）特徴は明らかであり、そうした外見の彼女がまったく日本語しか話せず、町で見かける普通の気のよい若い女性と少しも変わらないところも、彼女のテレビでの人気を支える要素なのでしょう。

彼女の持つ、外見とは異なる「外国人離れ」している能力とは、何といっても「場の空気と雰囲気を読み、絶妙な気配りを見せることのできる」協調的能力です。さまざまな芸歴と年齢と異なる背景を持つ出演者がいて、同時に番組づくりをするスタッフやテレビ局のお偉いさんが注視するバラエティ番組においては、神経をすり減らすような気遣いが必要で、そこは我が我がと自分をアピールしながら同時に細かい配慮をしなければならない、じつにシビアな職場です。オモロイことは言わないといけませんが、余計なことを言ってはいけません。言ったとしても、それは安全の規準を越さない範囲内での「おとなしい冒険」であり、場合によってはその結末すら予想するようにボケてみせて、それでいて最後はその集団の中でいちばんの権力者は誰かをそつなく把握し、慎重に様子を見ながら、その場を盛り上げられる優等生です。このことは彼女がタレントとしての能力が高いだけではなく、日本社会においても大人に可愛がられ、安定した仕事を享受することができる可能性を示唆します。気配りのできるベッキーは、本当に日本人的で、実際彼女の国籍は日本です。しかし年配の人々は、あまり「国民的」でないと思うかもしれません。「ベッキー？ ああ、あの可愛い気の利く娘だろ？ でも、ありゃガイジンじゃねぇのか？」と。[*4]

まとめましょう。闘莉王は国籍上日本人なのですが、その激しく熱いメンタリティは日本の学校や社会で育った者たちとは、いささか異質なものです。日本国民ですが日本人っぽくありません。ベッキーも国籍は日本人で、日本語しか話せませんから日本語でものを考えています。しかし、彼女は生物学的には日本人っぽくありません。日本国民で日本人向けの配慮ができる、一見欧米人種のような娘さんです。

●同じ民族はひとつにならなければいけない？

一〇年ほどまえ、ある財団法人で若い社会人や学生を募って、外国との異文化交流のプログラムを行っていました。私はその指導を担当し、日本人の若者を十数人毎週集めて読書会やディベートや語学学習を行わせ、英語のスピーチをつくらせ、年に一度開かれる外国でのワークショップに参加させました。ここにはほかに韓国、カナダ、カナダ先住民族の若者が集まりました。

ある年のワークショップで、日本と韓国の若者が「日韓関係」をめぐるフリー・ディスカッションを行いました。言うまでもなく、日本と韓国の近代における残念な関係は、若い世代を中心とした民間レベルでの未来志向の関係構築努力によって相当改善されてきていますが、同時に時空を超えて複雑なものをなおも含み残しています。あるやりとりの中で、韓国の女子学生が頬を紅潮させながら「民族」に関する発言しました。

学生「やはり、日本人には民族が分断されているということの悲しみはわからないと思います。私たち韓国人は同じ民族でありながら、ひとつになれないという現実があります。**だから、**世代を超えて韓国人の夢はやはり『統一』です」

日本の若者は、もちろん民族が現実に分断されているということの実感もありませんし、そもそも韓国人によって「民族」と繰り返し発話される言葉に込められた思いに相当する、日本人としての感情表現も特別なものとしてありませんから、こう言われると沈黙するほかないのです。言われっぱなしの日本チームの「もぞもぞ」した雰囲気に嫌気がさした私は、危険を承知で挑発行動に出ました。「今後も日韓友好のために相互理解を深めるべきです」などという、毒にも薬にもならない提言でこの対話が終われば、国際交流など無意味ですから。

私「今、あなたは『同じ民族だからひとつにならなければならない』と言いましたが、どうして同じ民族はひとつにならなければいけないのですか」

女学生「（あきれたような表情で）当たりまえです。ひとつの民族なのですから」

私「アメリカ人は、世界中に散らばる二〇〇ものエスニシティを背景にする人々によってつくられた国ですよね。違う民族がひとつの国をつくってますよね」

女学生「そうですけど……（それがどうしたというのですか）」

私「同じ民族でも、ひとつにならない民族もたくさんありますよね。ユダヤ人なんかは、同じ国であるイスラエルはあるけれど、世界中の国に散らばってますよね」

女学生「ユダヤ人の場合は特殊な例です」

私「そうですか？　中国にかなりの数の朝鮮民族が住んでますけど、彼らに韓国や北朝鮮と統一するという運動がありますかね。あるいは、フランス国内にいるドイツ語を話す人々や、ドイツに住むフランス系の人々も、あなたと同じように『同じ民族なんだからひとつにならねばならない』と言いますかね」

女学生「……」

韓国と北朝鮮の関係感情は、自分の家族だった兄弟や姉妹や親戚が、今もまだ、国境を越えたところにいて生活をしていて、自由に会うこともできず、一緒に暮らすこともできないという、血を吐くようなリアルな感覚を基礎とするものです。ですから、私はそれを「大した問題じゃない」とは口が裂けても言えません。それは極めて礼を失した発言となります。しかし、韓国や北朝鮮の分断された家族の具体的な悲しみの問題とは別次元において、「同じ民族は必ず同じ国のもとに統一されねばならず、必ずひとつの国民を形成させるべきである」という主張には、論理的な必然性は存在しないと言うことは可能です。論理的な必然性がなく、現実にもそういう判断を実際にしない、できない、したがらない人々がたくさん世界に存在しているということは、「そうありたい」と願う人々が、「政治的に」そういう判断や決定をしているだけだということになります。つまり、**「同じ民族だから同じ国民同士になるべき」という主張は、「そうありたい」という「政治的な判断」なのです。**

政治的であるということは、イコール「イカガワシイ」ということではありません（多くの人が誤解していることですが）。政治的な判断だということは、「いくつもありうる人間の現実に照らして選択可能な道筋のうちのひとつを、ある種の理由を根拠にあるときに選択する」ということに過ぎません。政治的な選択とは、その意味ですべての人間に道が開かれた自由な判断なのです。そして、自由な判断であるということは、不問の前提ではなく、いくつかの根拠に基づくものであって、だからある国の国民であることは、選択不能な性別のような自然条件ではなく、人間が自分で選択した、政治的判断なのです。自明の理ではないのです。

日本人よりも日本的で古風なものを感じさせる白鵬は、本人に確かめなければわかりようもない理由によって、「政治的に」モンゴル国籍を維持しているのであり、彼がいくら日本人のような横綱であろうと、それは彼の今後の政治的な判断ひとつで変わってしまうかもしれません。闘莉王は「サッカー日本代表に選ばれる法的資格を得たい」という欲望と野心と利益勘定と、残りは誰にもわからない「気持ち」を根拠にして、日本国籍を取得し「日本国民」となることを政治的に選択したに過ぎません。[*5] ベッキーは、外見は欧米人風なのに、日本人のようにしゃべり、日本人の笑いのツボを押さえて、バラエティ番組で人気者になるという「オイシイ立ち位置」を手放さず、このまま芸能界を生きていくことを、現時点で選択しているだけで、彼女が「女性として生まれたこと」と同じ意味で「日本国民である」などという話ではありません。彼らの各々の選択を表現するひとつの指標が国籍という法的な資格なのです。私たちは生まれは選べませんが、どの国民になるかは選べます。

私たちは、白鵬や闘莉王やベッキーという人間を、ひたすら国籍がどこであるかを基準に評価したり、ファンになったりするでしょうか。しませんよね。同じように、世界の人間は便宜的に国民というカテゴリーに分類されていますが、現実の人間が結びつく際の契機となるものはさまざまですし、それは国家や国民の根拠となるようなものを超えて存在しています。若いころ留学生寮で寮長をしていた私は、留学生の性格に「お国柄」などというものの影響を見たことが一度もありませんでした。すべては「個人のキャラクター」でした。

非常に残念なことに「○○人」だということは、自然の属性ではなく政治的な判断であり、人間を分類するための唯一の基準ではないということを多くの人々が誤解しています。私たちはそのようなことに留意して「日本国民」という言葉を使わなければなりません。そうでないと、「日本国籍＝日本人＝日本人種」などという、まことに大雑把なカテゴリーで人間の属性を判断するような間違いに陥り、これは国家という政治的カテゴリーを超えて、人間同士が結びつく契機を見失わせてしまいます。

最後に、このことを強く印象づける胸の熱くなるようなエピソードを紹介しましょう。日本を愛したオランダ青年が日本をきっかけに「日本を超えるもの」を肉体化した、奇跡のような話です。

●国民という基準を超える連帯

一九六四年の秋、アジアで初めてのオリンピックが東京で開かれました。[*6] 史上空前の九四カ国が参加した、日本が「国をあげて」取り組んだ戦後最大のイベントだったと言ってよいでしょう。このオリンピックは、自国開催の特権として柔道が正式種目となった最初のオリンピックでした。敗戦国として一九年間、まさに艱難辛苦《かんなんしんく》を乗り越えて復興を果たし、政治的にも経済的にも、そして文化やスポーツにおいても、「日本ココニ復活セリ」とアピールするためにも、国技柔道での勝利は絶対的目標でした。何しろ、世界に柔道が広まったばかりの時代でしたから「昨日や今日、柔道をはじめたような国に負けたら、本家本元として面目が立たん」というのが日本の柔道関係者と多くの国民の強い気持ちでした。

同時にこのプライドを支えていたのは「柔よく剛を制す」という柔道の根本的価値観です。ヤワラの道は大きな者のみが勝つのではなく、体は小さくても「ヤワラ」の精神と技術をもって、力でくる傲慢不遜な相手を倒すことにこそ意味があるのだという価値観です。大切なのは「柔よく（ちっちゃいニッポン人が）剛を（でかい白人を）制す」ということであり、現実に必要なのは「無差別級での金メダル」でした。

日本は期待どおり体重別階級で金メダルを取り続け、最後の無差別級の決勝となりました。すべてを背負わされた神永昭夫に相対するのは、オランダの巨漢二メートルのアントン・ヘーシンク。見上げる神永。見下ろすヘーシンク。柔よく剛を制する舞台が用意されました。試合開始後九分を回ろうとするとき、ヘーシンクは神永を袈裟固めするやいなや巨漢を活かして覆いかぶさりました。神永は身動きひとつできませんでした。日本中から悲鳴が聞こえたようだったと昔の人は言います。抑え込み一本で神永が敗北した瞬間、日本柔道関係者は、天を仰ぎ、うなだれ、目のまえで起こったことに呆然とし、屈辱に涙する者もありました。どうして日本が負けるのか。これまでの他の階級で取ってきた金メダルはこれでまったく無意味になった。戦争に負けて、柔道にも負けた。やっぱりだめだった。ニッポン敗れたり。

勝負がつくと、狂喜するオランダ選手が数名、勝者ヘーシンクのもとに突進してきました。しかし、その瞬間、日本人が誰も想像しなかったことが起こりました。神永への袈裟固めを解くやいなや、ヘーシンクは突進してくるオランダ選手たちを、天狗の団扇のようなでかい手で制したのです。

「ノー！ だめだ！ ここは神聖な畳の上だ！ 下がれ！ 土足で畳に上がるな！」

世界の無差別級のチャンピオン神永をオリンピックで、しかも身動きひとつできない抑え込みで完全に制した、かつては弱気と劣等感に苛まれたオランダ青年自身の喜びもまた、苦悩した者にしかわからない大きなものであったはずです。しかし、ヘーシンクの心にあったのは彼自身の喜びを爆発させることではなく、畳の上に土足で駆け上がってくる同僚オランダ選手に対して持った「やめろ！ おまえら！ 恥ずかしいぞ！」という気持ちでした。宿敵日本を撃破すること、金メダルを取ること、オランダ人に柔道などわかるはずないと言い切った日本人たちの鼻先に金メダルを突きつけること、オランダ人としてのプライド、そうしたものをすべて超えて、それらすべてに優先して、土壇場でヘーシンクが守ったものは「礼に始まり礼に終わる」という、柔道の基本精神だったのです。ヘーシンクは、オランダが日本に勝利するとか、ガイジンが日本人に勝ったということではなく、ジュウドウを通じて、人種や国を超える価値に出会って、それに敬意を持ち、勝利の瞬間にそのことを忘れた者たちを見て「恥ずかしい」と思ったのでした。

このシーンを見た多くの柔道関係者（の中でも賢明な人々）は、日本の柔道は試合でも敗れ、そして、このオランダ青年の心に勝ち負けよりもっと大切なことがちゃんと根を張って育っていたことを見逃していたことを恥じました。勝ち負けをつける近代スポーツと化した柔道以前に、脈々と存在していた本当の価値というものを、日本のプライドというさもしい目標に目を奪われて忘れかけていたという意味で、「私たちは本当に負けたのだ」と思ったそうです。しかしこの瞬間に、**私たちの先輩たちは日本の柔道の精神を契機に日本人を超えたのです。**このことに気がついた人たちが日本にはたくさんいたことこそ、私たちの社会の誇りなのだと私は考えます。そして、畳の上に土足で駆け上がろうとしたオランダの若い選手たちの振る舞いを見て、「恥ずかしいぞ！」と思った人々は、その時点でもはや国籍や民族を超えて、国民とは別次元の「私たち」という連帯の核を獲得していたのだと思います。決して「日本の心を知って日本人となった」のではありません。それを超えたのです。政治的カテゴリーの「国民」よりも、もっと普遍的なものに触れたのです。

半世紀近くが経って、過日この元オランダの柔道青年は病のため、多くの人々に送られて野辺への旅に出ました。彼の心は、あの東京オリンピックの記憶とともに、国民や民族を超えて世界の多くの人間に受け継がれているはずです。

＊1――物心ついたころから、テレビにかじりつくようにして相撲を見てきた私など、四つに組み止めた瞬間に場内が「あぁっ」とため息に似た吐息を漏らし、その後何の面白みもない相撲で確実に相手を寄り切る、大横綱大鵬を相撲取りの基準にしていますから、時間前の仕切りの後、塩をもらいに行き、激しくまわしを叩いて気合を鼓舞する朝青龍の姿など、見るに耐えませんでした。おいおい、それはないよと。

＊2――法律上の裏づけはまったくありませんから、これは相撲協会が勝手に言っているだけですが。

＊3――しかも、これはみなさんが意外と気がついていないことですが、やや発音に外国人臭さが残るものの、闘莉王がインタビューの際に使う日本語表現は、非常に美しく、かつ知性の香りを漂わせていることがあります。これは、純国産のサッカー選手が、「おっさん臭い中学生」のようにおぼつかない日本語でインタビューに答えているのとは非常に対照的です。

＊4――もちろんそのように「こちら側には見える」、「そういう印象を多くの人に与えている」という話です。リアルな彼女が本当にそうであるかは、面識がないのでわかりません。

＊5――もし、もう少しだけ才能とチャンスがあれば、彼はセレソン（栄光のブラジル代表！）のユニフォームを着ることに命を懸けていたかもしれません。

＊6――雲ひとつない真っ青な秋空の下、わずか二一年前に徴兵猶予を解かれた大学生を戦場に送り込むために催された「学徒出陣壮行会」が行われた、まさに同じ場所で「平和の祭典」が開かれたのです。

おわりに

政治を研究することと蝶の研究をすることとの決定的な違いとは何でしょうか。それは、政治を考え、問いを発し、展望を持つ側が、自分を棚上げにしてこの問題に取り組むことがナンセンスであるのに対し、他方蝶の研究の場合は逆に自分を棚上げしないと駄目だということです。「本当の民主政治って何?」と問う者は、即座に「そのときの自分は一体何者なのか」というもうひとつの問いを棚に上げることはできません。つまり、政治を考えるときには、蝶の標本をピンセットでつまむように対象を扱うことはできないということです。自分すら対象だからです。

そこのところを忘れずにいれば、**「政治家はアホばっかりだし官僚は天下りして金もらうことしか考えてないし、もう日本もダメっしょ?」**などと言葉にした途端、「で、そういう連中を放置して、だまって見過ごして、そのくせビジョンを示せよとか言ってるオレは何なんだ?」と自分に跳ね返ってくることにみんな気づくはずです。人間は自分のことを棚に上げてものを言う動物ですから、いくらかは仕方がありません。でも、そんなときでも、人と言葉のすり合わせをして、先の表現とは少し違った言葉で政治を語れば、いろいろな発見があるはずです。次のように言うとすべてが変わってきます。

「日本の政治家は危機に際したリーダーシップの訓練も教育も受けていないし、官僚は組織防衛をするうちに国益からいつの間にか省益に引きずられるようになってしまう。はたして今後はどのようなエリートの組織化と再生産がなされるべきなのだろうか」と。

政治に関する発言量が爆発的に増大する昨今、旧来のマスメディアの文面からも、ミドルメディアからも、専門人の目から見れば容認できないような大雑把な物言いを発見して、私はこの一〇年かなり途方に暮れました。でも他方で、私たちのコミュニティにある、政治を語る言葉を可能な限りすり合わせておくことで、潜在的には思ったより、かなりまともなやりとりができるのだということもわかりました。そもそも、これだけ大量の人々が存在するのですから、言葉と丁寧につき合っている人々もたくさんいて、原発事故に直面して、政府の使う「風評被害」と有権者が憂慮する「風評被害」とでは、天と地ほどの違いがあることをかなりの人々が知るようになりました。危機的事態が推移する中でいろいろなことがバレてしまって、これまで言葉を独占してきた人々のやり口もその水準の劣化も露呈してしまっています。今や言葉をめぐる混乱状況です。役人と電力会社の幹部が「想定外」という言葉を使ったとき、もはや多くの有権者はその意味内容に幾重にも嘘と欺瞞が含まれていることを知っています。その意味で政治の言葉は、相対化されてしまっています。そしてこの混乱に乗じて、かなりいい加減な言葉が跋扈しています。だからこそ、そんなときだからこそ、私はここで言葉のすり合わせをする必要があるのだと思い、この本を書きました。

本書で示した私の考えも、これがスタンダードだと言い切れるわけではありません。政治を語る言葉には原理的に中立というものが存在しないからです。どのような書き方をしても、著者固有のバイアスというものからは逃れることができません。しかし、言葉をすり合わせておけば、これをお読みになられたみなさんと私の言葉のやりとりは、この後継続可能となります。「民主党ってぇ、チョーウザくネェ?」しか言わない二〇歳とはあまり長続きする関係も生まれそうにありませんが、「事例に出てくる民主党の政策への基本的評価が社民的なものに偏りすぎているように感じます」と言ってくれれば、「ほう。それはどういうことでしょうか。うかがいたいです」となるでしょう。同じように、「こいつ(私のこと)キムチ好きの反日じゃん」などと、最近覚えた下品な言葉を投げつけられたら、「そういう君はブサイクでモテないいじめられっ子だろ」などと腐して自分も下品になり、泥沼に落ち込むだけです。つまり、本書で私がたたき台のように提供した言葉と認識のふり幅から大きく離れることなくやりとりができれば、私と私の批判者の間のやりとりは、そんなにひどいことになるはずがないということです。

これをもう少し大きなステージで考えれば、私が言う言葉のすり合わせの重要性がお解りになると思います。「言葉がすべて」である政治において、そこにどれだけ汚い、どれだけ悪意と癒着した、どれだけ恐ろしい陰謀や権謀術数があろうと、もし革命やクーデターではなく、人間が血を流すことなく世界を改善させたいなら、私たちは少しでも多くの人たちと豊かな政治の言葉を共有するようにしていくほかはありません。

言葉はときとして無力ですが、言葉が激減した政治はいつでも暴力へ転化します。そして政治の言葉が激減してしまった世界では、人はそうした暴力がどれだけのものごとを私たちから奪うのか、それすら表現することができないでしょう。表現されなければ、そこには何もなかったことになり、何もなかったことに対して、誰も何の責任も取ることはなく、その後はただただ「このように世界は安寧で平和であります」という現実の解釈が、嘘だと言われることなく永続化することになります。日本全国の原子力発電所のある自治体では、原子力を語る言葉が徐々に減少していき、最後には「プルトニウムは安全で飲むこともできます」などという戯言の中に埋没していったのです。そのことを今、私たち四〇歳以上の者たちは後ろめたい気持ちで考えています。私たちは、結局すり合わせた言葉で原子力を語ることを持続できなかったのだと。そして、そのために今日があると。そうしたことをなかったことにするわけにいかないならば、ものを書く人間としてやるべきことがあると思いました。それがこの本です。

今も教室で私のしつこい、大量の、鬱陶しい、過剰な言葉を全身で浴びて、やれやれと思っている平成の学生諸君へ。こうした本を書けたのも、私が諸君たちとともに学校で働いているからです。ちなみに私は毎日同じことしか言っていません。そして、諸君に対して話すことと、こうして本を書いて社会に向かって発信することと、友人や家族に向かって話すことに何ら違いがないことだけをプライドに、こんなことになってしまった世界を生きています。だからやっぱり最後に感謝を込めて鬱陶しいことを言いましょう。

政治を考えるとは政治の見方を準備することだ。自分を棚上げして世界を将棋盤のように考えるな。世界を切り分ける言葉を探して、その言葉で自分の考えを引き出し、根拠をつけて話せ。間違えば間違うほど大儲けだから、間違いを恐れるな。間違ったら謝って訂正しろ。そしてそのことで尊敬を受けよ。黙るな。声帯を震わせよ。そして政治の言葉をすり合わせよ。「それはこういう意味だ」と言い続けよ。「これはそういう意味なのか」と問い続けよ。今日もまた、子供だましの不味いコーヒーと安物のポテトフライを食べながらね。

あとがき

二〇一一年三月一一日以降、私にとって政治を語る前提が大きく変わってしまいました。この本の原稿の大部分は、震災と原発事故以前に書かれたものでしたから、そのままでは到底世に問うことはできませんでした。こういうことがあるのだなと呆然としていたところ、編集者の斉藤典貴さんと足立恵美さんにあきらめるなと励まされました。その力をお借りして、変わってしまったことを念頭に大幅に内容を書き直しました。これほど辛い執筆作業は、全然違う意味の苦しさでしたが、博士論文を書いたとき以来でした。見守ってくださって、本当にありがとうございました。

この本は、言葉の真の意味での過渡的な考察の記録です。あの震災と原発事故で日本の政治を語る意味がどのように変わってしまったのか、この後またどのように変わるのかは、これからもっと苦しい思いをして、きちんと考え直して、そしてまた世に問わねばなりません。読者のみなさんの御批判をお待ちします。

でも、どれだけ前提が変わってしまおうと、「政治について誰も何も言わなくなってしまった」

ということにならないために、必死の努力をすることだけは、言論において生きる者の務めです。私たちの社会の荒廃は、言葉を発信する能力を持ち、それを発揮することができる立場にある人々が「もういいよ。何を言っても無駄だ」と、緩めてはいけない気持ちを緩めてしまった後から、加速度を増して進んでいきます。そういう経験を七〇年以上も前に私たちの先輩は経験しています。だから苦しくても語り続けるしかないのです。どんなに前提が変わろうと、それだけは変わることがありません。

二〇一一年（原発事故元年）九月　戻り残暑厳しき東京にて

岡田憲治

著者について
岡田憲治（おかだ・けんじ）
1962年東京生まれ。早稲田大学大学院政治学研究科博士課程修了。専修大学法学部教授。専攻は現代デモクラシー理論。著書に『言葉が足りないとサルになる——現代ニッポンと言語力』（亜紀書房）、『権利としてのデモクラシー』（勁草書房）、『はじめてのデモクラシー講義』（柏書房）、共著に『日本の政治課題 2000-2010』（専修大学出版局）などがある。

静かに「政治」の話を続けよう

2011年10月28日　第1版第1刷発行

著者	岡田憲治
発行所	株式会社亜紀書房 郵便番号 101-0051 東京都千代田区神田神保町 1-32 電話……(03) 5280-0261 http://www.akishobo.com 振替　00100-9-144037
印刷	株式会社トライ http://www.try-sky.com
ブックデザイン	岩瀬　聡
写真カバー・表紙・扉	岡田憲治

ISBN978-4-7505-1124-5 C0031 ¥1600E